四川省 高等学校
SICHUAN SHENG

档案事业发展报告
GAODENG XUEXIAO DANGAN SHIYE FAZHAN BAOGAO

四川省档案馆◎编著

西南交通大学出版社
·成都·

图书在版编目（ＣＩＰ）数据

四川省高等学校档案事业发展报告 / 四川省档案馆
编著. —成都：西南交通大学出版社，2018.12
　　ISBN 978-7-5643-6700-8

　　Ⅰ.①四… Ⅱ.①四… Ⅲ.①高等学校－档案事业－
研究报告－四川 Ⅳ.①G647.24

中国版本图书馆 CIP 数据核字（2018）第 290943 号

四川省高等学校档案事业发展报告

四川省档案馆　编著

责任编辑	吴　迪
助理编辑	罗俊亮
封面设计	严春艳

出版发行　　西南交通大学出版社
　　　　　　（四川省成都市金牛区二环路北一段 111 号
　　　　　　西南交通大学创新大厦 21 楼）
邮政编码　　610031
发行部电话　028-87600564　　　028-87600533
网址　　　　http://www.xnjdcbs.com
印刷　　　　四川煤田地质制图印刷厂

成品尺寸	185 mm×260 mm
印张	9.5
字数	218 千
版次	2018 年 12 月第 1 版
印次	2018 年 12 月第 1 次
书号	ISBN 978-7-5643-6700-8
定价	80.00 元

目录

CONTENTS

概　述

　　高等学校（以下简称：高校）档案工作是高校重要的基础性工作，贯穿于高等教育事业发展的全过程。四川省高等学校档案工作起步较早，1896 年创办的四川中西学堂，便开始建立以教学、学籍管理为主的高校档案，是为四川高校档案工作之滥觞。民国时期，长期军阀混战导致四川高校档案散失和损坏现象十分普遍。中华人民共和国成立后，川、康地方人民政府相继接管辖区高校，成立档案工作小组，及时清理校内各类档案。1956 年，国务院发布《关于加强国家档案工作的决定》，四川大学、成都电讯工程学院等一批川内高校相继建立档案室，隶属校长办公室或党委办公室，有序开展高校档案工作。1959 年，四川省档案管理局成立，四川高校档案工作纳入统筹规划和监督指导范畴。

　　1978 年改革开放以后，随着高等教育事业的不断发展和学校办学规模的逐步扩大，高校档案工作在恢复中发展、在整顿中提高，与高校教育事业同步进入快速发展期。各高校纷纷设立专门的档案机构，配备专职档案工作人员，档案工作逐渐步入正轨。

　　自 1956 年四川省首个高校档案机构设立以来，高校档案人员编制和机构设立的变化情况如图 0-1、图 0-2 所示。

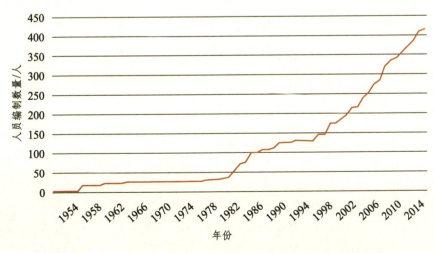

图 0-1　高校档案工作人员编制数量年度变化情况

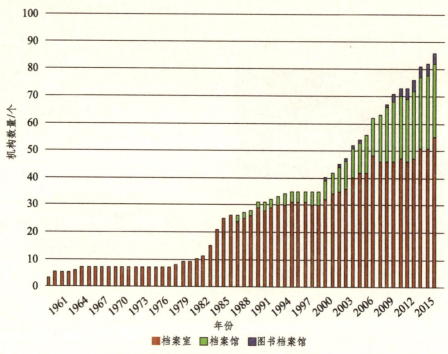

图 0-2　高校档案机构年度变化情况

　　由图 0-1 与图 0-2 可见，高校档案人员编制数与高校档案机构数呈正相关关系，变化趋势近乎一致，并均有两个重要时间节点：一是在 1978 年左右，另一个是在 2000 年左右。在这两个重要的时间节点，反映四川省高等学校档案事业发展状况的两个重要指标——机构与人员数量均呈现出较大幅度的提升，其增长与发展明显较前一阶段上了一个新台阶。这两幅曲线图真实反映了四川省高等学校档案工作在改革开放以后走过的复苏与发展历程。

　　在高校档案工作发展历程中，一些重大事件和重要节点引人注目。1982 年，教育部在武汉和西安分别召开了两次部属高校档案工作座谈会。这是国家教育行政机构首次以档案工作为主题的专门会议，成为高校档案工作发展的转折点。会议明确提出各省、市、自治区的教育行政机构要抓高校档案工作，特别是要抓科技档案工作。1986 年，四川省内 40 多所高校先后建立健全了档案工作机构和制度，配备 2 ~ 3 名专职档案人员。1987 年 4 月，国家教育委员会（简称：国家教委）、国家档案局印发《关于加强高等学校档案工作的几点意见》后，四川省档案局加强对高校档案工作的指导，促进了高校档案工作更好地为学校工作和"四个现代化"建设服务。全省各类高校积极创造条件，逐步建立了综合档案室，统　管理全校档案工作，有的重点高校成立了档案馆。其中华西医科大学（简称：华西医大）成立的档案馆为正处级单位，由校办公室主任兼任馆长，另配有一名专职副馆长。

　　1989 年 5 月，四川省教育委员会（简称：省教委）、四川省档案局（简称：省档案局）在成都召开省内 75 所高等院校、干部学院（简称：干院）参加的全省高校档案工作会议，总结全省高校档案工作，部署学习、贯彻《中华人民共和国档案法》，全面落实国家教委《高等学校档案管理办法》，表彰全省高校档案工作先进单位，成立全省高校档案工作协会。1989 年年底，全省 63 所大专院校有 60 所建立了档案机构，其中四川大学、华西医大、西南交通大学（简称：西南交大）建立了档案馆，配备相应专兼职档案干部。高校保存的档案数量大，门类多，尤其是教学档案、名人档案独具特色，在教学、科研等工作中发挥了积极的作用。

1991 年 12 月，四川省科学技术委员会（简称：省科委）、省教委在四川大学召开四川省重点科学技术项目《高等学校档案系统规范化研究》专家鉴定会，对由省教委和四川大学承担，成都地质学院、成都科学技术大学（简称：成都科大）、电子科技大学（简称：电子科大）、华西医大、西南财经大学（简称：西南财大）、西南交大等 6 所高校协同，历时 3 年并在全省 32 所院校试行的《高校档案系统规范化研究》给予高度评价，认为其填补了高校档案工作规范化、标准化、现代化的空白，对各类高等学校具有普遍的指导应用价值，建议国家教委审定后发布，在全国高校推广施行。

1993 年 5 月，省教委在成都召开全省高校档案工作会议及四川省高等学校档案工作协会第八次代表大会，84 所院校（含在川军事院校）共 165 人参加会议。会上表彰了在全省高校档案工作中做出显著成绩的先进集体和先进工作者，同时表彰在档案工作岗位上工作 15 年以上有成绩的离退休老同志。会议还从 70 多篇论文中评选出一等奖 2 项、二等奖 8 项、三等奖 11 项予以表彰。会议认为，全省高校档案工作实现了综合管理，专职档案干部人数稳定增长，1992 年底比 1988 年底增长 30%；馆（室）藏档案以平均每年 15% 的速度递增；工作条件大大改善，现代化管理有了较好物质基础；开发利用效益显著；学术研究形成特色。1993 年 11 月，国家教委发布《高等学校档案工作规范》；12 月，省档案局印发《关于科技事业单位档案管理升级问题的通知》，明确了属科技事业单位性质的高校开展档案管理升级活动适用此办法。1996 年，省档案局会同省教委制发《关于高等学校档案评估与目标管理考评定级有关问题的通知》，把高校档案评估纳入学校考评认定工作。

2004 年，四川省高等学校人才档案工作研讨会在都江堰市召开，27 所高校的 45 名代表参会，8 所院校代表在会上交流。西南财大、西华大学、成都理工大学、电子科大、成都体育学院、西南交大、四川音乐学院等多所高校的档案工作成效引起了与会代表的共鸣。同年，成都理工大学档案馆率先在全省高校建立局域网办公系统，并对纸质档案进行数字化处理后，在校园网上开设档案馆网页，建立电子阅档室。西南财经大学的档案工作达到国家二级标准。中国档案报社"走进西部"活动记者采访了西南财大，高度评价了以西南财经大学为代表的四川高校档案工作。

近年来，省档案局在进一步优化发展环境、持续推进全省高校档案工作方面做了大量工作。2009 年，联合省教育厅印发了《四川省〈高等学校档案管理办法〉实施细则（试行）》。2010 年，印发了《关于四川省高等学校档案规范化管理认定工作有关事项的通知》，推进高校档案规范化管理工作。2011 年，在全国高校档案科学论坛上做交流发言，介绍实地调研、现场指导电子科技大学等 5 所高校档案工作规范化管理开展情况。2012 年，联合省教育厅召开有 20 所高校参加的档案工作规范化管理现场会。2013 年，开展"全省高校档案文化建设主题活动"，全省 50 余所高校 100 余名专家、学者及档案人员参加论坛，观看成果展，同时编印《高校档案与文化建设——2013 年四川省高等学校档案文化建设论文集》。2014 年，组织全省高校开展"走近档案"系列活动，举办"档案见证·四川高校发展专题展"，编印

《档案见证·高校篇》。2015年，举办"6·9国际档案日"宣传活动暨全省高等学校档案业务知识竞赛，在高校掀起了学习档案知识、重视档案工作、发展档案事业的热潮。2016年，指导全省高校科学编制档案工作"十三五"规划，深入四川农业大学等11所高校开展档案工作调研指导。2016年，省档案局举办全省高校档案馆（室）负责人培训会，全省90所高校档案馆（室）负责人近100人参加培训。2017年，联合教育厅修订印发《四川省〈高等学校档案管理办法〉实施细则》，在西华大学举办全省高等学校档案工作规范化管理推进会，这是省档案局贯彻落实党的十九大精神，对新时代高校档案工作进行谋篇布局的一次十分重要的会议。全省106所高校档案工作负责人参加会议。

四川省各高校档案机构和档案工作者认真贯彻落实中共中央办公厅、国务院办公厅《关于加强和改进新形势下档案工作的意见》和省委办公厅、省政府办公厅《关于进一步加强和改进新形势下档案工作的实施意见》，以及教育部、国家档案局颁布的《高等学校档案管理办法》等政策法规，开拓进取、扎实工作，充分发挥高校档案服务经济社会发展、服务高等教育事业发展、服务师生发展的独特作用，全省高校档案工作结构布局更趋合理与完善，呈现出蓬勃的生机与活力。一是档案工作机制逐步健全。全省高校普遍重视档案工作，将档案工作纳入学校整体发展规划，成立了档案工作委员会或领导小组，健全了档案馆或综合档案室，配备了适应档案工作需要的专（兼）职档案工作人员，建立了档案工作检查、考核与评估制度。二是档案管理条件明显改善。全省高校不断加大对档案工作的投入，加强档案馆库建设，完善基础设施设备，普遍建立了人防、物防、技防"三位一体"的安全防护体系，档案管理条件明显改善，档案安全得到有效保障。三是档案规范化水平不断提升。全省高校制定了一系列管理细则及业务规范，有力地提升了档案工作制度化、规范化、科学化管理水平。四川大学、电子科技大学、四川师范大学、西南科技大学等30多所高校先后达到档案工作规范化管理省一级或二级标准。四是档案服务能力显著增强。全省高校档案机构利用档案资源为学校评估检查、重大活动庆典、展览陈列、编修史志、教学科研评奖、学生学历认证、教师职称评聘等工作提供凭证和参考及服务，充分发挥档案留凭、存史、资政、育人的独特作用。

为充分展示高校档案工作近年来取得的成绩，把握全省高校档案工作的发展现状，分析研究高校档案工作中存在的问题，预测高校档案工作的发展趋势，省档案局启动了全省高校档案工作大调研。在全省范围内，对高校档案馆（室）藏档案资料，档案机构沿革、人员变化，馆（室）舍建设、设施设备配备，档案管理体制机制、档案管理制度的建立和完善，档案资源体系建设、档案利用体系建设、档案安全体系建设，档案信息化建设，档案科研，档案宣传与对外交流，高校档案工作中存在的问题，对高校档案工作的意见及建议等进行了全面的调查。通过印发通知、发放调查表，收集汇总、统计分析等方式，采集到全省高校档案工作的第一手资料。全省共有98所高校参加调研，其中普通全日制高校有41所（覆盖了所有在川的"985"高校、"211"高校、部属普通高校以及省属普通高校），高职高专和独立学院（含成人高等教育学校）有57所。收集数据之全、调研规模之大，在我省高校档案事业发展史上尚属首例。

四川省档案局组织有关专家，在分析处理有关统计数据和调研材料的基础上，编写了《四川省高等学校档案事业发展报告》。

第一章
高校档案管理体制机制建设

第一节 档案机构与人员配置

一、档案机构

高校档案机构是保存和提供利用学校档案的专门机构，负责接收（征集）、整理、鉴定、统计、保管学校的各类档案及有关资料，开发利用档案信息资源，开展档案文化建设，进行档案学术研究和交流活动。

（一）档案机构的类型与数量

教育部和国家档案局制定的第 29 号令《高等学校档案管理办法》规定，具备下列条件之一的学校应当设立档案馆：建校历史在 50 年以上；全日制在校生规模在 1 万人以上；已集中保管的档案、资料在 3 万卷（长度 300 延长米）以上。未设立档案馆的高校应当设立综合档案室。按照这一规定，我省高校设立的档案机构，分为综合档案室、档案馆以及图书档案馆三种。图书档案馆是在图情档一体化、信息资源共享共建的理念下产生的新型档案机构，将图书和档案进行一体化管理，实现了信息资源的有效整合。

参与调查的 98 所高校中有 95 所设立了独立的档案机构。其中，设立综合档案室或档案科的高校有 62 所，占比为 63%；设立档案馆或图书档案馆的有 33 所，占比为 34%。另外 3 所高校，由于建校时间晚，各项工作处于筹备之中，尚未设立独立的档案机构（见图 1-1）。

图 1-2、图 1-3、图 1-4 分别为相关高校的档案馆。

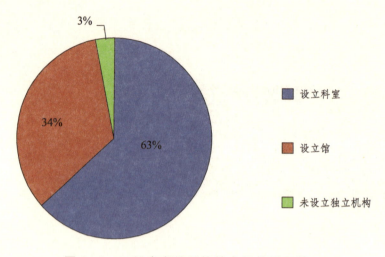

图 1-1　四川省高等学校档案机构设置情况

图 1-2　西南石油大学档案馆

图 1-3　中国民航飞行学院档案馆

图 1-4　西华大学档案馆

（二）档案机构内部科室设置

据调查，四川省有 30 所高校在档案机构里设立了业务科室，数量约为 2～3 个，称谓有综合档案科、信息技术科、行政办公室、人事档案科、学生档案室、档案装订室、档案编研（校史研究）室、指导利用室等，业务内容覆盖了档案收集、整理、编研及利用等档案工作诸环节。四川大学、电子科技大学、四川师范大学、西南财经大学、四川音乐学院、西南民族大学、成都大学、成都航空职业技术学院等高校成立了独立的人事档案科和学生档案室，对专门档案进行专业管理，有的还设立了研究开发科、档案编研科、校史研究室，专门从事档案资源的开发与利用。

二、人员配置

据调查，目前省内高校档案工作者队伍中，有专职档案工作人员 512 人，兼职档案工作人员 2 739 人。

（一）专职档案工作人员

四川省高等学校有专职档案工作人员512 人，其中男性 156 人，女性 356 人，年龄超过 50 岁（含 50 岁）的占 28%，年龄在 35～49 岁的占 49%，年龄小于 34 岁（含34 岁）的占 23%（见图 1-5）。由此可见，四川省各高校专职档案工作人员队伍年龄结构较合理，中青年人数比例较高。

四川省高等学校专职档案工作人员队伍中，具有博士学位的占 2.5%，具有硕士学位的占 40.4%，具有学士学位的占44.15%，具有大专文凭的占 12.25%，具有高中文凭的占 0.25%，具有初中文凭的占 0.45%（见图 1-6）。由此可见，川内高校专职档案工作人员文化程度普遍较高，以本科生、硕士生为主，尤其是一本院校专职档案工作人员文化程度更高。

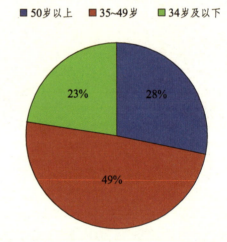

图 1-5　四川省高校专职档案人员年龄构成情况

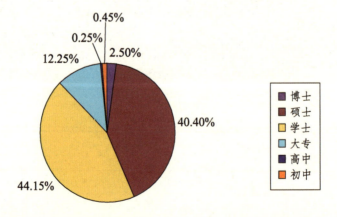

图 1-6　四川省高等学校专职档案人员文化程度情况

在高校专职档案工作人员中，具有研究馆员职称的占 4%，具有副研究馆员职称的占 19%，具有馆员职称的占 50%，具有助理馆员与管理员职称的分别占 15% 和 12%。可见，目前省内高校专职档案工作人员队伍职称结构呈纺锤状，高级职称或初级职称人数较少，而中级职称占比近半（见图 1-7）。

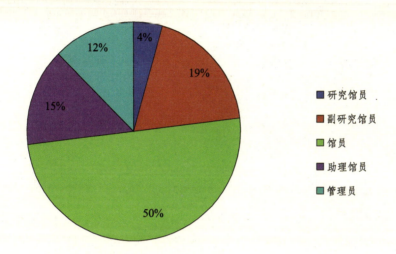

图 1-7　四川省高等学校专职档案工作人员档案专业技术职务情况

（二）兼职档案工作人员

据调查，四川省高等学校中兼职档案工作人员有 2 739 人，年龄超过 50 岁（含 50 岁）的占 9%，35 ~ 49 岁的占 35%，小于 34 岁（含 34 岁）的占 56%。由此可见，我省拥有一只年轻的兼职档案工作人员队伍（见图 1-8）。

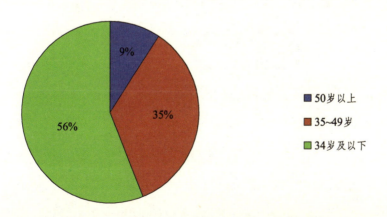

图 1-8　四川省高等学校兼职档案工作人员年龄构成情况

四川高校兼职档案工作人员队伍中，博士研究生占 2.2%，硕士研究生占 31.6%，大学本科生占 59.1%，大学专科生占 6.8%，高中毕业生占 0.3%（见图 1-9）。

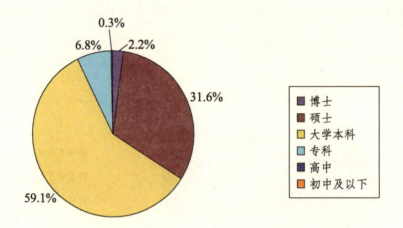

图 1-9　四川省高等学校兼职档案工作人员文化程度情况

　　在高校兼职档案工作人员中，获得档案专业职称的有 139 人，其中研究馆员 1 人，占 1%；副研究馆员 13 人，占 9%；馆员 51 人，占 37%；助理馆员和管理员分别占 3%、50%。兼职档案工作人员的职称大多为管理员（见图 1-10）。

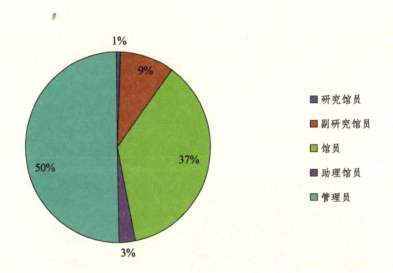

图 1-10　四川省高等学校兼职档案工作人员档案专业技术职务情况

（三）人员培训

　　四川省各高校普遍重视档案人员的培训，通过走出去和请进来等方式提高档案人员的职业素质和业务水平。据调查，每年平均开展 2 次以上培训的高校有 22 所，开展 1 ~ 2 次（含 2 次）培训的高校有 53 所，从未开展培训的高校有 17 所。其中西南财经大学

14 次，西华大学 16 次，四川国际标榜职业学院年均开展培训 10 次。全省高校档案工作
人员年均接受培训次数为 2 次。

第二节 档案管理制度建设

一、档案管理制度体系

四川省高等学校档案管理制度建设较为完善，90% 以上的高校建立了档案工作相关制度，
包括档案收集、整理、保管、鉴定、统计、利用、保密、鉴定销毁等制度，覆盖档案工作每
个环节（见表 1-1）。78% 的高校制定了档案工作"三纳入"制度，有的高校还制定了档案
工作检查、考核、评估、奖惩制度，以及档案管理应急预案、档案管理违法违纪行为处分规
定等。一些专业性强的高校在制定学校档案管理办法、学校档案工作规范时，根据行业主管
部门相关规定制定针对性强的制度与规范，如中国民航飞行学院在建立健全学校档案管理制
度时，充分考虑了国家民航局发布的相关规定（见图 1-11）。

图 1-11 中国民航飞行学院档案规章制度（部分）

表 1-1 四川省高等学校档案工作制度建设情况统计表

制度	建立	未建立	效果好	效果一般	效果差
档案工作人员岗位责任制	85	7	56	27	0
档案收集制度	84	8	49	30	3
档案整理制度	84	8	61	21	0
档案保管制度	85	7	56	26	0
档案鉴定及销毁制度	78	14	33	35	6
档案统计制度	78	14	52	23	2
档案借阅利用制度	85	7	62	20	0
档案保密制度	84	8	66	16	0
档案工作"三纳入"制度	72	20	33	33	3
档案工作检查、考核制度	74	18	38	31	2
档案工作评估、奖励制度	61	31	25	31	3
档案工作人员聘任制度	57	35	31	25	1
档案库房管理制度	83	9	54	28	0

注：表中数字为相关高校数量。

从表 1-1 可见，大多数高校档案制度建设效果较好，尤其是档案收集、整理、保管、统计、利用、保密等制度，执行比较到位，档案工作检查、考核、档案工作人员聘任等制度的执行效果还有较大的提升空间，档案工作"三纳入""四参加""四同步"和档案鉴定销毁以及档案工作评估、奖励等需要各方协同的制度，执行效果也有待进一步改善。

二、高校档案工作发展规划

2016 年，各高校在总结分析"十二五"期间取得成绩与存在问题的基础上，立足本校现有档案基础设施及业务建设基本情况，制定出高校档案工作"十三五"发展规划。据调查，全省有 73 所高校制定了档案工作"十三五"发展规划。西南财经大学明确了"到 2020 年，初步实现以信息化为核心的档案管理现代化，建成与高水平研究型财经大学目标相适应的、有效服务和支撑学校事业及文化发展的档案事业"的发展目标；西南科技大学将通过五年的努力"把西南科技大学档案馆建成为学校档案的保管基地、爱国爱校教育及校园精神教育的基地和提供档案信息及服务的中心"；西南交通大学推进校史研究，编辑出版五卷本校史著作。

第三节 档案管理模式与组织体系建设

一、档案管理模式

四川高校档案管理模式有集中型和分散型两种。

集中型管理模式是指学校档案机构对校内院、系、所等二级机构档案工作实行统一领导、集中管理。高校档案机构根据国家相关法律法规和行业标准规范，对校内二级机构开展档案宣传，进行业务监督指导和培训，提出文件材料形成和档案收集、分类、整理、归档要求。学校二级机构每年将形成的文件材料收集好、整理好，按时向高校档案机构移交。同时，学校组织召开档案工作会议，对档案工作中做出成绩的集体或个人给予表彰和奖励。目前，全省 91% 的高校均实行集中型档案管理模式。

分散型管理模式是指高校档案机构只负责对高校行政部门形成的档案和二级机构形成的需永久保存的档案进行管理，二级机构形成的其他档案由二级机构自行管理。目前，全省仅 9% 的高校实行这种管理模式，一般在办学规模较小、受人财物及基础设施制约的高校中采用。实行分散型管理模式的高校，其档案机构仍要对二级机构进行业务指导和监督，通过编印二级学院档案管理操作手册等方式，对二级学院文件材料归档范围、分类方案和整理方法做明确规定，供二级学院参照执行。

二、档案工作组织体系

高校因档案管理模式不同，其档案工作组织体系也有所差异。采取集中型管理模式的高校，在校长领导下，建立以档案机构为核心，各部门、院系、课题组、项目组等专兼职档案人员为基础的高校档案工作体系。高职高专院校成立档案工作领导小组，以院长为组长，其他院领导为副组长，各职能部门、教学院系负责人为成员，以此加强对档案工作的领导。同时明确相关领导、部门、专兼职档案人员的工作职责。规模较大、层级较多的综合性大学，则成立由校长担任主任委员、主要副校长担任副主任委员，各院、部、处、办领导担任委员的高校档案工作委员会，建立主管校领导和院、部、处、办负责人以及档案工作人员组成的三级档案工作管理网络，形成分管领导亲自抓、各职能部门配合抓、专兼职档案人员具体抓的工作格局。

采取分散型管理模式的高校，其档案工作由校长（院长）领导，学校档案机构为中心，二级机构负责管理定期档案，并定期向学校档案机构移交永久保存档案。

第四节 档案工作经费预算和硬件购置

经费投入是高校档案工作可持续发展的基本条件，维系着高校档案事业的现在与未来。《高等学校档案管理办法》第三十六条规定："高等学校应当将高校档案工作所需经费列入学校预算，保证档案工作的需求。"《四川省＜高等学校档案管理办法＞实施细则》第四十二条规定："高校应将档案机构在档案征集、抢救保护、安全保密、数字化建设、现代化管理、提供利用、编辑研究、陈列展览、设备购置和管理维护等方面的经费列入学校预算，保证档案工作的需求。"这为高校档案工作经费的保障提供了政策依据。

一、经费预算

近年来，全省各高校对档案工作经费的投入逐年加大，许多高校将档案经费纳入学校年度经费预算，列为专项经费（见表1-2），为档案工作的健康发展提供了有力的物质保障。

表1-2　四川省高等学校档案工作预算单列情况统计表

设置预算情况	2011 年	2012 年	2013 年	2014 年	2015 年	2016 年
单独列入学校预算	42	43	46	51	54	58
有档案工作预算	60	62	66	74	75	80

注：表中数据为相应高校数。

2011年，全省有61%的高校进行了档案工作经费预算，其中70%的高校将档案工作预算单列为校级预算；2013年，有67%的高校进行了档案工作经费预算，其中有近70%的学校将档案工作预算单列为校级预算；2014年，近76%的高校进行了档案工作经费预算，其中约69%的高校单列了档案工作校级预算；2015年，有77%的高校进行了档案工作经费预算，其中有72%的高校单列了档案工作校级预算；至2016年年初，有82%的高校都进行了档案工作经费预算，其中有73%的高校将档案工作经费单列为一项校级预算（见图1-12）。由此可见，越来越多的高校重视档案工作，将档案工作经费列入学校的经费预算。

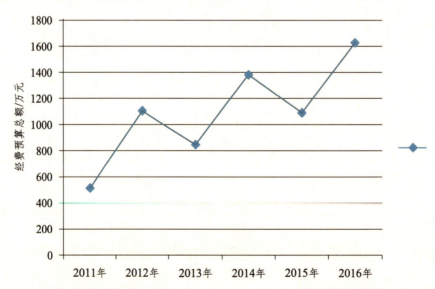

图1-12　2011—2016年四川省高等学校档案经费预算变化趋势

总体来看，全省各高校档案工作经费整体呈上升趋势，既有逐年递增的总经费计划，又有针对专项工作的专项资金安排，55～67所高校档案工作经费能满足需求，10～11所高校的档案经费基本满足档案工作需求，4～6所高校的经费不能满足档案工作需求（见表1-3）。

表1-3　2011—2016年四川省高等学校档案经费使用效果统计表

使用效果	2011年	2012年	2013年	2014年	2015年	2016年
满足需求	55	56	59	63	63	67
基本满足	11	11	11	10	11	11
不满足需求	4	4	4	6	6	6

注：表中数据为相应高校数。

二、硬件购置

各高校档案工作经费相当一部分用于配置档案基础设备设施，多数购置了包括计算机、空调、打印机、去湿机、扫描机、复印机、防磁保密柜和消防警报系统在内的硬件设备，而诸如光盘刻录机、数码照相机、智能温湿度控制仪、视频监控系统、温湿度调控系统、多媒体展示系统、摄像机等投入较大的设备，仅有少数设立了档案馆的高校进行了有选择的购置。此外，有3所高校购置了6台缩微设备。在馆（室）藏档案的移交接收、利用检索、纸质档案数字化、库房监控等方面，全部实现了计算机管理。

第二章
高校档案基础业务工作

第一节 档案资源

四川省各高校档案资源丰富。据统计，全省高校档案馆（室）藏档案达 2 011 175 卷，7 247 085 件。保存档案 20 万卷（件）以上的学校有 14 所；10 万卷（件）以上的学校有 29 所；5 万卷（件）以上的学校有 44 所（其中，保存档案 20 万卷以上的学校有 1 所；10 万卷以上的学校有 3 所；5 万卷以上的学校有 12 所）。保存有 1 个以上全宗的高校共有 32 所（其中，全宗数量最多的高校是四川大学，共有 22 个全宗）。其次是成都大学，有 9 个全宗。馆藏档案案卷上万的高校有 34 所。全宗与案卷数量的多少与高校成立的时间以及发展过程密切相关（见表 2-1）。

以四川大学为例，其档案馆馆藏档案文献资料丰富，内容覆盖面广，时间跨度长。截至 2016 年年底，四川大学档案馆馆藏档案 22 个全宗，共计 28 万卷，案卷排架长度 5 600 米。馆藏档案连续完整地记载了四川大学（含原四川大学、原成都科技大学、原华西医科大学）创建、发展、融合和壮大的历程，涉及四川近现代高等教育、文化医疗、科技产业、对外交流等方面的内容，其中不乏珍贵收藏，如 1896 年四川中西学堂和 1910 年华西协合大学创办资料；著名教育家吴玉章、张澜在校任职期间的材料；全国人大常委会原委员长朱德、原国家主席杨尚昆、原科学院院长郭沫若、中国作家协会主席巴金、革命烈士江姐等在校求学档案；邓小平同志亲笔为学校题写校名原件；美国前总统乔治·布什来校演讲的材料；华西坝古建筑档案；原四川大学、原成都科技大学和原华西医科大学两次合并的材料等。四川大学档案馆馆藏的近 1 万卷历史档案，是研究近代中国西南地区的文化教育史、宗教史以及中西文化交流史等的宝贵资料。

又如成都大学，始建于 1978 年，从 2000 年到 2015 年，先后并入了成都教育学院、成都幼儿师范学校、成都卫生学校、成都中医学校、成都成人教育学院、都江教育学院、新都师范等学校，构成目前现有 9 个全宗的丰富馆藏。

再如四川幼儿师范高等专科学校，于 2009 年成立，其前身是四川省江油师范学校与四川省江油幼儿师范学校合并而成，2016 年与绵阳工业技师学院整合，形成包括四川省江油师范学校、四川省江油幼儿师范学校、绵阳工业技师学校和四川幼儿师范高等专科学校在内的 4 个全宗。

表 2-1　高校全宗数量排序（全宗数量 ≥ 2）

序号	高校	高校类型	全宗个数
1	四川大学	985 院校	22
2	成都大学	普通本科	9
3	乐山职业技术学院	高职高专	7
4	四川理工学院	普通本科	6
5	成都理工大学	普通本科	5
6	西昌学院	普通本科	5
7	成都中医药大学	普通本科	5
8	四川师范大学	普通本科	5
9	南充职业技术学院	高职高专	5
10	成都农业科技职业学院	高职高专	5
11	四川中医药高等专科学校	高职高专	5
12	绵阳师范学院	普通本科	4
13	内江师范学院	普通本科	4
14	攀枝花学院	普通本科	4
15	成都航空职业技术学院	高职高专	4
16	四川幼儿师范高等专科学校	高职高专	4
17	西华大学	普通本科	3
18	四川农业大学	211 院校	3
19	乐山师范学院	普通本科	3
20	西南财经大学	211 院校	3
21	四川旅游学院	普通本科	3
22	四川航天职业技术学院	高职高专	3
23	绵阳职业技术学院	高职高专	3
24	四川职业技术学院	高职高专	3
25	四川卫生康复职业学院	高职高专	3
26	四川西南航空职业学院	高职高专	3
27	西南石油大学	普通本科	2
28	成都信息工程大学	普通本科	2
29	成都东软学院	普通本科	2
30	成都师范学院	普通本科	2
31	四川财经职业学院	高职高专	2
32	川北幼儿师范高等专科学校	高职高专	2

第二节　档案收集

一、概　况

　　档案的收集是档案工作的起点，各高校档案机构依据档案法规和学校档案管理的规定，主动开展档案的接收和征集工作，收集了高校在教学、科研、管理、为社会服务等工作领域中形成的各类档案，包括党群类、行政类、学生类、教学类、科研类、基本建设类、仪器设备类、产品生产类、出版物类、外事类、财会类等11大类。其中，以纸质档案为主，同时也有数量不等的特殊载体档案。据调查统计，有94所高校保存有照片档案，占比为96%；有77所高校保存有音像档案，占比为79%；有67所高校保存有实物档案，占比为68%；有56所高校保存有电子档案，占比为57%。

　　据统计，四川省高等学校档案机构在2011—2015年期间共收集各类档案约742 170卷，其中"985"高校、"211"和部属高校收集了约217 116卷，占总数的近30%，在档案收集数量上要远远超出省属普通高校及高职高专和独立学院。从总体上看，四川省高等学校档案机构的档案收集数量在"十二五"期间呈现稳步上升态势（见表2-2）。

表2-2　2011—2015年四川高校档案收集数量变化表

学校类型	2011		2012		2013		2014		2015	
	卷	件	卷	件	卷	件	卷	件	卷	件
"985"高校、"211"高校和部属高校	42 150	113 998	34 368	56 149	41 281	55 536	41 307	64 214	58 010	66 795
省属普通高校	86 046	278 005	88 891	267 695	95 526	298 931	101 454	311 411	94 435	347 966
高职高专和独立学院	10 531	137 273	10 861	131 126	10 847	148 360	13 328	151 737	13 143	126 452

　　一些高校档案机构还主动开展各类档案、文献的征集活动，不断丰富档案资源，如西南石油大学、西华大学、四川理工学院等高校档案馆，档案征集活动有声有色。四川理工学院档案馆近年来有针对性地开展"老档案"资源的挖掘，通过向社会、向老校友、向离退休老同志、向地方或者兄弟院校档案馆等征集散布在各处和个人手上的与学校发展有关的老档案，作为学校档案资源的有益且必要的补充。同时，学校档案馆从2016年起，开始全力征集学校建校早期"652工程"建设档案、名人文化专题档案、白酒文化专题档案、国家级特色专业专题档案、盐文化专题档案、灯文化专题档案、学生实物档案等特色档案资源，现已初具规模。

二、收集归档措施

（一）归档责任和时间

各高校根据高校档案形成与管理的规律，明确各部门的归档责任。对于电子文件归档，大多数学校要求由各文件形成部门进行归档，例如成都理工大学、成都体育学院明确要求各部门在移交纸质档案时，将其内容一致的电子文件一并归档；个别学校通过固定机构集中统一移交，例如宜宾学院规定各部门的电子文件由该校的网络管理中心进行归档。

各高校按自然年度或教学年度确定归档时间，有的统一规定档案归档时间，除基建等个别门类外。例如，成都大学、成都工业学院将每年的5—6月定为学校各类档案的整体归档时间；西南石油大学要求一般的文件材料在次年6月底前归档；成都航空职业技术学院要求学校机关各部门的文件和资料在次年六月底以前整理完毕移交档案室，学校各系等在次学年寒假前将教学档案整理完毕移交档案室；成都农业科技职业学院归档时间除教务处教学档案按教学年度结束时间移交外，其他部门、教学单位的归档时间均为次年六月底以前。

有的根据学校承担不同职能职责的内部机构情况来划分归档时间，除个别门类如基建、财会类外。例如，南充职业技术学院要求党政部门和能够按自然年度资料归档的部门，应该在次年六月底以前归档；教学机构和能够按教学年度将教学档案归档的部门，应该在次学年寒假前归档。四川电子机械职业技术学院要求党政办、招就处、后勤处，按文件资料形成的年度在次年3月底前向学院办公室移交归档；学院教务处、学工部则按学年在10月底前移交上一学年的资料到学院办公室归档。四川国际标榜职业学院的档案归档制度规定，每年10—11月，教务处、学生工作处、招生办、就业办、各二级学院等与教学直接关联的部门，由部门和二级学院负责档案工作的行政人员将按照学年整理立卷的上一学年的教学类纸质档案向综合档案室移交；每年4—5月，学院办公室、党委工作部、人事处等其他职能部门和教辅部门，由部门负责档案工作的行政人员将按自然年度整理立卷的上一年度的其他门类纸质档案向综合档案室移交。

有的学校根据各门类档案的形成特点，具体给出各门类档案的归档时间。四川师范大学、四川文理学院、四川音乐学院、四川工业科技学院、绵阳职业技术学院、川南幼儿师范高等专科学校等高校在基建类、科研类、重大活动类、学生类文件材料的归档时间上要求基本一致，即：科研类文件材料在项目完成后2个月内归档，基本建设类文件材料在项目完成后3个月内归档、重大活动文件在活动结束后2个月内归档，学生类文件材料在形成后2个月内归档。西南石油大学、四川音乐学院、成都工贸职业技术学院会计档案可在会计年度终了后，由高校会计管理机构临时保管1年，再移交档案机构保管。四川文化产业职业学院要求财会档案在工作结束后的第三年向学校档案馆移交。电子机械职业技术学院要求财会档案按年度在次年3月底移交学校档案室。

（二）归档范围

各高校档案机构明确了各类文件材料的归档范围，并作为学校综合性档案管理规章制度的主要内容统一印发，如《四川大学档案管理办法》《西南石油大学档案业务规范》《四川大学锦城学院档案工作管理办法（试行）》等，都明确了各类文件材料的归档范围和档案保管期限，有的以部门为单位进行明确，有的按类别进行规定（见表2-3）。

表2-3　西南石油大学党群、行政类档案归档范围和保管期限表

一、党群类档案归档范围和保管期限表		
DQ11 党务综合		
序号	类目名称	保管期限
1	上级党组织有关党的建设文件材料（如文件是针对本校的，则永久保存）	30 年
2	本校党代会材料：（1）大会计划、通知、工作报告、议程、决议、总结、记录、发言稿、领导讲话稿、照片、录音、录像、大会主席团、秘书长和代表、列席代表名单；候选人登记表和情况介绍；大会选举办法，选举结果和上级批复等。（2）提案及办理情况；会议简报、会议情况、反映记录、小组会议记录等。（3）参考文件，工作人员名单，工作证、代表证、列席证、选票式样	永久
3	本校党委会、常委会、党委扩大会，书记、校长碰头会，院党委（总支）书记会，党委中心组会议记录、纪要、决议及会议讨论的文件	永久
4	校党委工作计划、报告（包括调查报告）、总结（包括经验总结）	永久
5	校党委发布的决定、办法、指示、批转、通报和通知	永久
6	以校党委名义召开的工作会议材料	永久
7	校党委和上级党委调研、检查、巡视学校工作形成的文件材料	永久
8	校党委负责同志在校内的重要讲话稿和参加上级召开会议发言稿	永久
9	校党委工作简报等	永久
10	校党委大事记	永久
11	党群系统启用印章的文件和印模	永久
12	党群系统重要统计材料	永久
13	党委保密、秘书工作的有关文件	30 年
14	重要的群众来信来访及处理材料	30 年
15	校党委与有关机关联系、协商工作的来往文件	30 年
16	院党委和总支工作的计划、总结、报告、请示与批复、经验介绍、调查材料、统计报表、会议记录等材料	30 年
17	院党委、总支建党工作和有关材料	30 年
18	院党委、总支的表彰奖励及有关材料	30 年
DQ12 纪检、监察		
1	上级关于纪检、监察工作的文件	30 年
2	纪委、监察工作规章制度	30 年
3	纪委及监察工作的计划、报告、总结、调查材料和重要统计	永久
4	纪委、监察会议记录	30 年
5	违纪、违法案件的处理和复查材料	30 年
6	群众来信来访及处理意见	10 年

续表

序号	类目名称	保管期限
DQ13 组织		
1	上级关于组织工作的指示、决定、通知、简报	30 年
2	本校组织工作计划和总结、决定、报告、调研材料	永久
3	组织机构设置和变动的报告、决定、批复、通知	永久
4	落实政策的有关材料	30 年
5	表彰先进的材料	30 年
6	组织工作统计材料	永久
7	党费收、缴、开支情况的统计和凭证	永久
8	干部任免、调动、离休的报告,以及决定、批复、通知等(包括上级批准的,要附呈报表)	永久
9	干部名册	永久
10	院党委、总支、支部改选报告及审批材料	30 年
11	院党委、各总支、支部委员、党员名册	30 年
12	吸收新党员、预备党员转正或取消资格、党员退党的文件材料和名册	30 年
13	党校材料	30 年
DQ14 宣传教育		
1	上级关于宣传工作的文件	30 年
2	宣传工作的计划、决定、报告、通知和总结	永久
3	教职工政治思想工作动态及调查材料	30 年
4	理论学习的决定、通知、计划、总结	30 年
5	反映学校重大活动和重要人物的剪报、照片、材料	永久
6	上级有关学生思想政治工作的文件	30 年
7	本校有关学生思想政治工作的决定、通知、条例	永久
8	学生思想政治工作典型调查材料和统计	30 年
9	学生工作部工作计划、报告、总结	永久
10	关于学生政治工作队伍的选拔、管理文件	30 年
11	各院学生政治工作人员名单	30 年
DQ15 统战		
1	上级关于统战工作的文件	30 年
2	本校统战工作计划、决定、报告、通告、总结	永久
3	统战工作情况调查、典型材料、统计报表	永久
4	本校各级人大代表、政协委员名册审批材料	永久
5	台、港、澳和侨务工作材料	30 年
6	各民主党派成员和负责人名册及有关材料	30 年

续表

序号	类目名称	保管期限
7	统战工作重要会议记录	30 年
DQ16 工会		
1	上级有关工会工作的文件	30 年
2	工会工作计划、报告、决定、总结、统计材料	永久
3	会员代表大会的有关文件（通知、名单、报告、决议、选举结果、领导讲话、大会发言等材料）	30 年
4	表彰工会先进集体、个人的材料	30 年
5	处分会员的有关材料	30 年
6	工会会议记录、纪要	30 年
7	教职工代表大会材料	30 年
8	基层工会干部、会员名册	30 年
9	妇女工作	30 年
10	家属工作材料	30 年
DQ17 团委		
1	上级关于团的工作文件	30 年
2	本校团代会文件（通知、名单、报告、决议、选举结果、讲话、大会发言和大会通过的文件）	永久
3	本校学生代表大会文件（通知、名单、报告、决议、选举结果、领导讲话、大会发言和文件）	永久
4	团委的工作计划、报告、总结和规章制度、统计材料	永久
5	团委工作典型的材料	30 年
6	表彰和奖励先进团支部、优秀团员的材料	30 年
7	处分团员的材料及复查材料	30 年
8	入团、离团的材料及名册	30 年
9	团干部、团员名册	30 年
10	团委的会议记录、纪要、简报等材料	30 年
11	学生会文件、材料	30 年
12	本校学生组织参与的各种学会、社团的材料	30 年
13	各分团委的有关材料	30 年
14	研究生会的有关材料	30 年
15	团委牵头进行的重大活动的有关材料、照片	30 年
16	社会活动、勤工俭学、社会实践的有关材料、照片	30 年
二、行政类档案归档范围和保管期限表		
XZ11 行政综合		
1	上级有关高校行政管理的综合性文件	30 年
2	全校性的规章制度	永久

续表

序号	类目名称	保管期限
3	学校年度、学期工作计划，以及报告、总结	永久
4	校长办公会、校长书记碰头会的会议记录和纪要	永久
5	校务委员会委员名单、会议记录、纪要	永久
6	全校性的工作会议、座谈会文件	30年
7	校领导在会上的重要讲话和参加校外会议发言稿	30年
8	本校教育事业规划、计划及上级批复	永久
9	学校评估材料	永久
10	本校向上级的请示及其批复	永久或30年
11	本校各单位的请示及学校的批复（分类立卷）	30年
12	有关全校性工作的调查材料和经验总结	永久
13	学年报表及综合统计	永久
14	启用印章的文件及印模	永久
15	本校历史沿革、情况介绍	永久
16	本校大事记、简报、信息、动态等	永久
17	校史工作材料	永久
18	校友工作材料	30年
19	校庆工作材料	30年
20	群众来信来访文件材料	30年
21	普选工作材料	10年
22	上级有关与本院、所、中心的来文	30年
23	院、系、所、中心的会议记录，以及纪要、简报	30年
24	院、系、所、中心的工作计划，以及总结、报告	30年
25	院、系、所、中心开展各种学术活动的文件	30年
26	院、系、所、中心与国内单位协作的材料	30年
27	院、系、所、中心统计年报及重要资料	30年
	XZ12 人事	
1	上级机关有关人事工作的文件	30年
2	本校人事工作的规章制度	30年
3	人事工作的计划、报告总结、调查材料、会议记录	永久
4	关于机构、编制规划、计划报告及上级批复	永久
5	关于校内机构设置、变化的文件材料	永久
6	人事处权限内的干部任免文件及名册	永久
7	表彰和奖励先进集体、先进教职工的材料	30年

续表

序号	类目名称	保管期限
8	处分教职工的材料和复查、撤销处分的材料	30 年
9	教职工动态月报	30 年
10	师资培养及管理工作计划、规定、总结	永久
11	教师进修计划、安排、总结	30 年
12	教师工作量的规定及执行情况	30 年
13	教师业务考核材料	30 年
14	人事统计报表	永久
15	教职工名册（分单位的总册、分类名册）登记表	永久
16	系、教研室、研究室正副主任名册	30 年
17	教职工评定、聘任专业技术职称材料及上级批复（按类立卷，要求附审批表）	30 年
18	教职工工资调整材料、名册	30 年
19	教职工转正定级材料	30 年
20	教职工校内调动材料	30 年
21	教职工录用、调入的有关材料（包括转移行政、工资关系介绍信）	30 年
22	教职工调出的有关材料（包括转移行政、工资关系介绍信存根）	30 年
23	教职工援外和支援边远地区材料	10 年
24	教职工退职、离职和出国的有关材料	30 年
25	教职工离休、退休及有关荣誉证书授予工作的材料	30 年
26	教职工退休后重新工作的材料	30 年
27	教职工福利工作	30 年
28	教职工作商调函件	30 年
29	使用临时工有关材料	30 年
30	人民来信来访材料	30 年
31	职工社保和医保方面的文件、材料、报表等	30 年
	XZ13 审计	
1	上级有关审计工作的文件	30 年
2	本校审计工作方面的规章制度	30 年
3	审计工作计划、总结、调查报告	30 年
4	审计工作统计午报及重要报表	30 年
	XZ14 武装、保卫	
1	上级有关公安保卫工作的文件	30 年
2	本校公安保卫工作方面的规章制度	30 年
3	本校公安保卫工作计划、总结、报告、调查材料、统计报表	永久

续表

序号	类目名称	保管期限
4	本校师生员工案件的侦察、调查、处分结论材料，以及上级的批复、判决书	30年
5	本校师生员工案件的平反、复查处理结论及上级的批复	30年
6	要害部门的公安保卫、消防工作	30年
7	保卫工作简报	30年
8	上级有关武装、人防、民兵、年训工作的文件	30年
9	本校武装部职责范围内的规章制度	30年
10	武装部工作计划、总结、调查报告	30年
11	武装部工作统计年报及重要报表	30年
12	复员、转业、退伍军人、军烈属名册和登记表（卡）	30年
13	人口普查、户口工作的文件材料	30年
	XZ15 后勤	
1	上级有关后勤工作的文件	10年
2	本校后勤集团及各中心、公司、医院的规章制度	30年
3	本校后勤工作计划、报告、调查材料	30年
4	房屋管理、调配使用、转移等的规定和总结	30年
5	防震、防汛、三废治理工作的文件材料	30年
6	爱国卫生、公费医疗、保健工作的计划，以及总结、规定、通知等文件	30年
7	师生员工健康状况调查材料及统计表	永久
8	本校计划生育工作文件及领取独生子女证名册	30年
9	车辆工作的有关文件材料	10年
10	伙食工作的有关材料	10年
11	校园绿化工作的有关材料	10年
	XZ16 档案、图书、文博	
1	上级有关图书、情报、博物工作的文件	30年
2	档案、图书、文博工作规章制度	30年
3	档案、图书、文博工作的计划以及报告、总结	30年
4	档案、图书、文博的概况，以及发展规划、藏品目录、统计及统计年报	永久
5	档案、图书、文博部门与校外交流的有关材料	30年
6	档案馆指南、全宗介绍	永久

（三）归档质量

各高校档案机构在归档制度中，明确了归档的质量要求。

一是基本要求：归档文件材料必须齐全、完整、准确，遵循文件材料的形成规律，保持彼此之间的有机联系，区别不同价值，便于保管和利用。大多数高校在归档文件质量要求中都做出了规定。

二是具体要求：各高校针对各自档案的形成情况与具体的档案工作需求，对各自的归档文件质量提出了各具特色的个性要求。有的对文件材料的制成材料、文件材料信息的可辨识程度、归档手续等明确了要求。例如：成都信息工程大学要求破损文件应予修复、归档文件应用纸规范，纸质优良，字迹清楚，用黑色耐久笔书写等；绵阳职业技术学院要求归档文件图样清晰、图表整洁、签字认可、手续完备；有的要求纸质文件和电子文件同步归档，包括原生电子文件归档或对纸质档案进行数字化后归档；长期存储的电子文件要求使用不可擦除型光盘，归档的电子文件必须采用通用的归档格式等。

部分高校建立了归档通报和考核制度，将归档进度及质量情况纳入年度目标管理工作考核，作为部门奖惩与个人绩效工资发放的重要指标之一。西南石油大学、西南科技大学等高校每年定期向全校公布上年度归档单位名单及归档情况，并进行考核，促进了归档文件质量的提升。

（四）归档手续

各高校档案机构对档案归档手续都有规定，如首先由高校档案机构派专人检查案卷质量，包括文件材料是否完整、齐全，排列、书写是否符合要求等，凡不符合要求的，按规范指导改正；各部门再对应收集整理的文件材料填制档案移交目录清单，写明案卷标题、卷内文件材料页数、案卷数量、移交时间等，由部门领导签字盖章。档案移交目录清单中列出这种非常具体的要求，能够保证高校档案归档过程中案卷数量明确，案卷材料完整齐全。双方检查无误后，在移交目录上签字盖章，各持一份。

三、学生档案管理

学生档案管理是高校档案工作的一大特色，是高校档案工作的重要内容。各高校档案机构都将学生档案管理作为档案工作的重中之重，明确了学生档案管理机构和学生档案接收与转递的规定。

（一）专门机构接收保管学生档案

据调研，省内各高校均明确了负责学生档案接收、建档、保管的机构，并与校内其他机构配合开展毕业生档案的转出工作，主要有如下工作模式。

一是部分高校建立了由档案机构来负责集中统一接收与保管学生档案的机制，采用这种工作模式的高校有成都理工大学、四川音乐学院、成都大学、成都工业学院等11所。他们结合学生档案工作实际，将学生档案纳入学校档案机构集中统一管理，通过在各二级学院设学生档案管理员或设立相关职能部门的方式，协助配合档案机构开展学生档案的寄存、转出工作。

二是由学校学生处、招生就业处或各二级学院承担新生建档、在校学生档案管理、毕业生档案寄送、留校生档案管理等工作，同时接受学校档案机构的业务指导。采取这种工作模式的以办学规模较小的二级学院为主，如宜宾学院、四川旅游学院、西南财经大学天府学院、四川大学锦江学院等高校。

三是高校档案机构完全不参与学生档案的接收、寄存、转出等工作，由高校学生处、就业招生处或分工负责，或单独负责处置。部分高校在学生入校和在读期间，将学生档案交由学生处统一保管，学生毕业前统一移交招生就业处，由招生就业处统一转出；采取这种工作模式的高校数量不少，有成都信息工程大学、西华大学、川北医学院、四川师范大学等8所。

四是高校档案机构与学生工作部门分工负责学生档案工作，即高校档案机构负责学生档案的接收、整理、保管；毕业生档案的转出则交由学校学生处或招生就业处负责；无接收机构而滞留于学校的往届学生档案则交由档案机构保管。

（二）学生档案转出方式

据调研，省内各高校学生档案转出后主要有两个去向：一是传递至具有人事档案管理权限的机构（升学高校或工作单位）；二是传递至毕业生户口所在地的人才交流中心，这种情况主要成因是部分毕业生未签订就业协议，或毕业生工作的单位不具有人事档案管理权限。

省内高校学生档案转出的方式主要有三种：一是安排专人专车传递。通过指定具体的负责人，定期将毕业生档案送往特定的人才中心。二是采用机要邮寄方式传递。部分高校根据中国邮政集团公司《关于规范邮政机要渠道传递大学生档案等有关工作的通知》（中国邮政集团公司业务函〔2015〕117号）文件精神，从2016年起将机要邮寄方式变更为EMS传递。三是需要注意毕业生档案长期滞留高校的问题。经调查分析，主要原因是由于部分高校毕业生因西部计划、参军、退休学、转学等情况，未能及时转出其个人档案。各高校针对这一部分长期滞留的学生档案，一般通过定期清理、归类、通过辅导员联系学生回校办理档案寄送事宜等方式，减少毕业生档案长期滞留于高校的问题。

第三节 档案整理

各高校根据国家有关各类档案的整理规定，制定档案整理规则，开展档案整理。

一、部门立卷

根据《高等学校档案管理办法》《四川省〈高等学校档案管理办法〉实施细则》要求，高校实行文件材料形成单位、课题（项目）组立卷的归档制度。各部门、课题（项目）及专项工作专兼职档案人员应按照国家或行业的有关规定将文件整理后归档。高校各部门负责人应对本部门归档文件的完整性和系统性负责。各职能或承办部门文件形成者应负责积累文件，并对归档文件的齐全、准确和形成质量负责。各部门兼职档案人员应负责收集、整理应归档的文件，对归档文件的整理质量负责。本次调研中，有56所高校明确描述了本校部门立卷工作的开展情况。

在部门立卷工作中，高校档案机构充分发挥了全程管控作用。通过经常性的对档案工作专兼职人员的培训，提高他们的专业素养；通过全校档案工作会议安排部署档案工作要求，保证档案收集齐全完整；定期派出专职档案工作人员深入校内各部门，加强部门立卷指导；及时解决部门立卷工作中遇到的问题，对档案材料不全的予以补齐，对著录不规范的予以纠正。通过提前介入、全程管控，保证高校档案管理部门立卷工作的标准化、规范化。

二、分类整理

高校档案种类繁多、内容庞杂，各高校根据《高等学校档案管理办法》的要求，对档案进行分门别类的整理。

（一）整理标准

党群类、行政类档案大多数按照《归档文件整理规则》的要求进行整理；科研档案执行《科学技术研究档案管理暂行规定》；基建档案执行《科技档案案卷构成的一般要求》；会计档案、磁性载体档案整理分别按照《会计档案管理办法》《磁性载体档案管理与保护规范》的要求进行；电子文件执行《电子文件归档与管理规范》（GB/T 18894）。具体操作标准与规范如表2-4所示。

表2-4　高校档案整理主要依据标准列表

档案类别	依据标准／规范性文件
	《高校档案管理办法》（教育部27号令）
	《高等学校档案实体分类法》《高等学校档案工作规范》（教办〔1993〕429号）
	《四川省〈高等学校档案管理办法〉实施细则》（川教〔2009〕204号、川教〔2017〕11号）
党群、行政、外事	《归档文件整理规则》（DA/T 22）
	《文书档案案卷格式》（GB/T 9705）
	《四川省文书立卷与案卷构成的一般要求》

续表

档案类别	依据标准／规范性文件
科研、出版、设备、产品生产	《科学技术研究档案管理暂行规定》（国档发〔1987〕6号）
	《科学技术档案案卷构成的一般要求》（GB/T 11822）
基建	《基本建设项目档案资料管理暂行规定》
	《国家重大建设项目文件归档要求与档案整理规范》（DA/T 28）
	《科学技术档案案卷构成的一般要求》（GB/T 11822）
学生	《四川省普通高等学校学生档案管理办法》（川教〔1987〕26号）
教学	《高等学校教学文件材料归档范围》（国家教委、国家档案局发布〔87〕教办字016号）
会计	《会计档案管理办法》（财会字〔1998〕32号，财政部、国家档案局令第79号）
照片	《照片档案管理规范》（GB/T 11821）
	《数码照片归档与管理规范》（DA/T 50）
电子文件	《磁性载体档案管理与保护规范》（DA/T 15）
	《信息技术连续色调静态图像的数字压缩及编码》（GB/T 17235.1）
	《CAD电子文件光盘存储、归档与档案管理要求第一部分：电子文件归档与档案管理》（GB/T 17678.1）
	《电子公文归档管理暂行办法》（档发〔2003〕6号）
	《纸质档案数字化技术规范》（DA/T 31—2005）
	《电子文件归档与管理规范》（GB/T 18894）
	《档案数字化光盘标识规范》（DA/T 52）
	《数字档案馆建设指南》（2010-06）

　　四川省各高校档案机构在各类档案的整理过程中，不仅严格遵照执行国家档案局颁发的各种专业标准，同步贯彻执行四川省档案局（馆）制定的整理要求细则，而且还根据各高校所形成的不同类别档案的特点，制定了更加符合本校各类档案形成规律与特点的操作细则与规范。例如，成都纺织高等专科学校先后修订颁发了《成都纺织高等专科学校教学类档案管理实施细则》《成都纺织高等专科学校党群类档案管理细则》《成都纺织高等专科学校行政类档案管理实施细则》《成都纺织高等专科学校科研档案管理实施细则》《成都纺织高等专科学校会计档案管理细则》《成都纺织高等专科学校学生档案管理办法》等13项针对该校不同类别档案管理的实施细则。

（二）档案分类

1993年，国家教育委员会印发了《高等学校档案实体分类法》，对高校档案的分类进行了明确规定。我省各高校档案机构严格按照要求，在充分反映高校档案的形成规律和内容、特点的前提下，将档案分为党群、行政、教学、科学研究、产品生产与科技开发、基本建设、仪器设备、出版、外事、财会等十大类，同时，把同一门类档案的管理性和业务性材料集中在一起进行分类，表2-5和图2-1反映的是2011—2016年保有各门类档案的高校平均数量。一级类目的标识，采用类目名称主词的汉语拼音的第一个字母，如"XZ"即"xingzheng"（行政）的简称。十大一级类目下，分别设置二级、三级类目，各校视具体情况对随机类目进行选择。档号包括年度号、分类号、案卷号三个部分，有多个全宗的学校，在年度号前加全宗号。标识到文件级的，还在案卷号后面加件号。随着各校推进《归档文件整理规则》，以件为单位整理党群、行政类档案，档号中不再出现卷号，而增加了保管期限。

表2-5 2011—2016年保有各门类档案的高校平均数量情况

档案门类 学校数 年度	党群	行政	教学	科研	财会	基建	仪器设备	出版	外事	学生	产品生产与科技开发
2011 年	74	72	70	57	58	53	49	47	47	40	10
2012 年	72	75	71	58	61	56	46	47	45	40	10
2013 年	78	76	74	59	61	55	48	47	50	40	9
2014 年	80	80	77	60	58	61	51	52	53	44	7
2015 年	83	83	79	65	56	59	53	50	53	45	9
2016 年	74	74	68	55	45	49	42	44	44	45	8
年 均	77	77	73	59	57	56	48	48	49	42	9

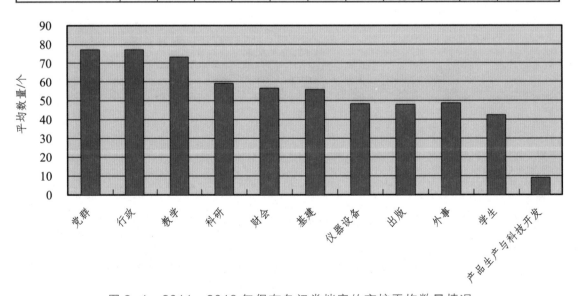

图 2-1 2011—2016 年保有各门类档案的高校平均数量情况

（三）整理流程

根据各高校对其各类档案整理流程的描述，从载体形态来看，大体上可分为纸质文件整理流程和电子文件整理流程两种做法。纸质文件整理流程包括鉴定、分类、排列、编号、编页、编目、修整、装订、装盒、排架，使之有序化；电子文件整理流程则包括电子文件格式转换、元数据收集、归档数据包组织、存储等步骤。

部分高校在档案整理过程中除了按国家相关标准要求以及惯用做法，也适时根据现行技术的发展进行一些改革创新的探索。例如，成都体育学院以2011年该校档案信息管理系统（网络版）的安装使用为契机，大胆探索变革原有的档案整理方式，实现了除基建、科研、设备档案外，其他种类档案全部实行文件级整理及管理的方式。

三、整理外包

随着社会分工精细化、专业化程度的不断发展，档案资源信息化建设进程的不断加快，省内各高校档案机构逐渐开始尝试在档案整理业务中引入专业服务商外包服务工作模式，以达到提高档案整理工作效率与质量、节省费用的目的。根据参与问卷调研的各高校的信息反馈，目前省内各高等学校档案机构开展档案整理外包服务项目的情况如表2-6所示。

表2-6　档案整理工作外包情况统计表

高校类型	档案整理工作外包学校	档案整理工作非外包学校
"985" "211" 和部属高校	1	3
省属普通高校	3	26
高职高专和独立学院	5	23
所占比例	15%	85%

据调查，完全由本校档案专兼职工作人员从事档案整理工作的高校共52所，占比为85%，引入档案整理外包服务机构提供档案整理外包服务的高校仅占15%。

目前高校的档案整理工作外包服务项目主要分为两种模式：一种是引入档案外包服务公司来进行档案整理工作；另一种则是邀请地方档案学会等社团机构来开展整理工作。档案整理外包服务主要涉及档案的整理、编目、数字化等工作内容，其中有4所高校将其本校所有的档案管理工作进行了外包。

85%的高校目前没有开展档案整理外包项目，主要原因有以下三点。

一是对档案的安全性担心。

二是档案整理与档案数字化外包需要一定的专项经费。例如，西华大学从2015年开始开展档案数字化外包工作，已进行三期，共投入经费135万元；四川文理学院档案馆处建制后即着手进行档案整理外包工作，已在2017年高校经费预算中预算档案数字化建设经费19万元。

三是档案专兼职人员数量较多、较专业，能够胜任本校的档案整理工作。如四川大学主要由专、兼职档案工作人员及高校勤工助学学生等组成一个较专业的群体，长期辅助四川大学档案馆完成档案整理任务，能满足该校对现行档案整理、立卷和归档工作的需要。

第四节　档案保管

近年来，四川省各高校档案机构高度重视档案安全，持续加强档案安全保管，建立健全人防、物防、技防三位一体的档案安全防护体系，确保档案实体安全和信息安全。2011—2016 年间，省内各高校均未出现档案安全事故。

一、"人防"体系

人防，即建立健全各项档案安全保密制度，用制度管人，靠制度办事。

（一）制度保障

各高校档案机构认真贯彻《中华人民共和国消防法》《高等学校消防安全管理规定》等法规，相继制定并严格执行《档案馆防火安全责任制度》《档案馆档案库房管理制度》等系列档案管理与安全管理制度，建立健全了保密制度和信息公开制度等各项档案安全保密制度。通过成立档案安全工作领导小组或职位定责，签订安全目标责任书，将安全工作作为学校档案馆馆长、科长等的工作职责之一，形成了"分类负责、归口管理、目标明确、责任到人"的安全管理责任体系。

（二）人员保障

各高校档案机构为提高全体档案管理人员档案保管安全意识，定期或不定期地举行一系列安全教育、宣传和培训等活动，使档案工作人员从思想上时刻绷紧档案的安全保管和利用这根弦，坚持"安全第一，预防为主"，认真落实安全保密"一岗双责"责任制。为加强档案管理人员的安全保密意识，多数高校档案机构与档案库管人员签订《安全管理责任书》，严格执行档案馆大楼物业督导管理制度。组织档案管理人员定期检查档案库房安全情况，检查更新灭火设备，投放更换防虫防霉药，做好库房温度和湿度登记，防火防盗，定期检查档案保管保洁，保证档案库房及消防通道干净、整洁，无堆放杂物和易燃易爆物品的现象，发现档案破损或字迹变化，及时修补复制，做好防霉、防火、防水、防潮、防尘、防高温、防强光、防有害气体和有害生物等安全防范工作，确保档案安全。

（三）应急保障

为应对档案安全保管中的突发状况，各高校档案机构制定了符合本校实际情况的档案安全应急预案，如《西南科技大学档案安全应急预案》《四川农业大学档案管理应急预案》《四川电力职业技术学院档案突发情况应急预案》等。这些档案安全应急预案对应急的组织机构及职责、突发情况处置程序到善后工作等方面事项均做了详细的规定，为档案的安全保管起到了保驾护航的作用。

二、"物防"体系

据调查，各高校切实改善了档案保管保密的硬件条件，构建了档案安全保管的"物防"体系。全省95所高校设有档案库房，平均每所高校的独立库房面积为424.2平方米，规模较大的学校如四川大学、西南交通大学、电子科技大学等，档案馆库面积达3 000平方米。有74所高校建有专门的档案阅览室，平均每所高校的档案阅览室面积达47平方米，共81所高校设有独立的档案办公用房，平均每所高校的档案办公用房面积达88.6平方米。多数高校档案机构配备了先进档案保管设施，安装有防盗报警、电子监控、密集架、自动温湿度控制系统、消毒柜、防磁柜等现代化设施，有条件的高校档案机构还配备了裱糊机、服务器、扫描仪等设备。

在保证档案实体安全的同时，各高校都很重视档案信息安全，特别是涉密档案的专项保管。以四川大学为例，四川大学档案馆建立了涉密档案的专用保管库房，配备了专用保密设备和有资质的专门保密管理人员，确保了学校里涉密档案的安全。成都体育学院为了确保馆藏档案电子数据的绝对安全，定期对档案管理系统进行更新升级，对档案数据进行拷贝备份，并采取了异地异质备份保存的措施。西昌学院档案室对重要的涉密档案设置了单独存放的保险柜。西南医科大学、四川工业科技学院等档案室对档案进行定期备份，并采取了脱机保管措施。各高校采取的这些"物防"措施，确保了高校涉密档案以及档案信息数据的安全防范工作落到实处。

三、"技防"体系

档案安全技术防护是档案安全保管体系中的重要组成部分，省内各高校档案机构始终坚持"安全第一，预防为主，综合治理"的原则，充分考虑档案安全性和保密性问题，采用了相应的信息安全措施，综合运用现代信息技术手段确保档案的安全保密。

部分高校档案机构实行电子登记，对每一个查阅人从查阅登记到查阅完结进行全程跟踪记录，确保档案利用的绝对安全。凡涉密档案，严格审核查阅手续，认真做好涉密档案利用的登记。信息安全方面，不少高校档案机构对局域网与互联网采取了物理隔离，学校信息网与档案机构局域网进行了逻辑隔离。数据安全方面，多数高校采取了数据库备份、异地备份等措施，确保档案的数据安全。

各高校都很重视档案信息化的安全管理，按规定设置利用权限、开放利用范围，严格口令设置和身份认证，不断加强档案信息化的保密防范能力，如成都东软学院通过对档案网络存储采用加密、设置权限、合理设置安全级别、设置防火墙等技术措施，防止黑客攻击，实现了档案信息资源的安全管理，确保档案信息资源安全和学校利益不受侵害。

通过以上举措，有力地保障了高校档案管理的安全，杜绝了档案安全责任事故的发生。

第五节　鉴定销毁

根据四川省各高等学校档案到期鉴定销毁情况调查，档案到期鉴定销毁情况可以分为以下四类。

第一类，学校成立时间较短，暂无到期需鉴定销毁的档案。如西南财经大学天府学院、四川大学锦江学院、西南科技大学城市学院等高校，由于建校时间较短，档案室成立时间也相应较晚，目前档案库内无到期档案，不需开展档案到期鉴定销毁工作。

第二类，有到期档案但未开展到期鉴定销毁工作。有21所高校，由于学校办学历史较长，校档案馆库中已有保管期限到期的档案，但暂时未开展档案到期鉴定与销毁工作，主要原因有三点：一是这些高校档案馆馆藏资源并不充足；二是档案馆目前保管空间较宽裕；三是部分到期档案仍有不少借阅利用的需求，档案工作人员本着谨慎的心态，为防止误销毁，暂未开展档案到期鉴定与销毁工作。

第三类，对到期档案进行了鉴定，但未开展销毁工作。截至2017年6月底，省内共有10所高校对本校到期档案开展了鉴定工作，但出于档案的不可再生性、鉴定工作的可商榷性、档案形成部门不同意等诸多因素，未对已完成鉴定的这部分档案进行销毁。如成都体育学院在2011—2016年期间，对到期会计档案，特别是会计凭证开展了鉴定工作，但由于实际工作中仍然不断出现的利用需求，销毁工作暂缓进行。2016年，新的会计档案管理办法出台后，会计档案的保管期限得以延长，档案馆经研究，做出了将这部分档案继续保存的决定。再如某大学，目前对产生于20世纪50年代的学校会计档案做了销毁前的鉴定与编制销毁清单工作，但由于该校财务部门不同意，后续的销毁工作因此搁浅。某学院档案室到期的档案主要是会计凭证，截至2017年6月，开展了相应鉴定工作，编制了销毁清单，已经下架打包，目前集中存放待处理。

第四类，对到期档案开展了到期鉴定与销毁工作。据调查，省内有17所高校开展了到期档案的鉴定与销毁工作，大多数是对到期会计档案进行了鉴定销毁。如四川大学分别于2011年、2014年，对已经超过了会计凭证保管期限的这部分会计凭证启动了鉴定销毁程序。由四川大学档案馆、财务处、审计处派出人员组成的鉴定小组对到期会计凭证进行了清理与鉴定，编制了销毁清单，并经校领导及相关单位审查同意后进行了销毁。四川农业大学档案馆分别在1986、1988、1997、2001、2006年，开展了5次馆藏到期档案的鉴定与销毁工作；主要针对已到保管期限的会计凭证和会计账簿，进行了价值鉴定；鉴定完成后，征得了建立建立会计档案的单位——学校财务处的同意，经学校档案领导小组审批并报分管档案工作的校长同意后，将1969年（含1969年）前的账薄（工资清册除外）、1990年前的凭证以及学校水稻所产生的部分会计凭证进行了销毁，每一次的档案销毁均有报告、批复和销毁清册等完整的销毁手续与相关文件。攀枝花学院于2012年由档案馆牵头，组织全校专兼职档案工作人员，对学校1996年以前形成的到期档案开展了鉴定工作，鉴定小组对到期档案，先以卷为单位，再以件为单位，采用直接鉴定法，依次进行了逐件逐页的鉴定；鉴定完成后，对无继续保存价值的、原攀枝花市技校1979—1982年之间形成的会计凭证编制了销毁清单，经上级领导与部门审核批准后，进行了销毁。

第六节　档案利用开发

一、档案提供利用基本情况

据调查，2011—2016年期间，四川省各高校档案机构提供档案利用334 994人次、546 835卷次、737 348件次。全省高校档案利用人次、卷次和件次逐年快速递增，体现了高校档案的利用需求在快速增长，也反映了高校档案机构提供利用服务的能力不断提升（见图2-2，表2-7）。

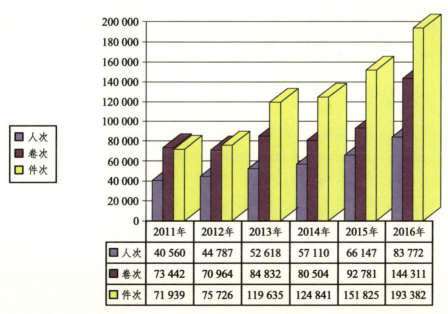

	2011年	2012年	2013年	2014年	2015年	2016年
人次	40 560	44 787	52 618	57 110	66 147	83 772
卷次	73 442	70 964	84 832	80 504	92 781	144 311
件次	71 939	75 726	119 635	124 841	151 825	193 382

图2-2　2011—2016年四川省各高校档案利用工作情况柱状图

表 2-7　2011—2016 年四川省高等学校档案提供利用工作情况分类统计表

学校类型		2011 年度利用情况			2012 年度利用情况			2013 年度利用情况		
		人次	卷次	件次	人次	卷次	件次	人次	卷次	件次
"985""211"和部属高校	总数	12 203	27 704	1 359	14 597	28 049	1 935	16 951	32 173	2 341
	平均数	1 101.5	13 852	679.2	7 298.5	14 024.5	967.5	8 475.5	16 086.5	1 170.5
省属普通高校	总数	23 437	42 238	63 156	25 157	39 956	65 877	29 973	49 009	108 337
	平均数	689.32	1 242.29	1 857.53	718.77	1 175.17	1 937.56	832.58	1 361.36	3 009.36
高职高专和独立学院	总数	4 920	3 500	7 424	5 033	2 959	7 914	5 694	3 651	8 957
	平均数	153.75	109.38	232	157.28	92.47	247.31	172.55	110.64	271.42
	总计	30 560	73 442	71 939	44 787	70 964	75 726	52 618	84 833	119 635

学校类型		2014 年度利用情况			2015 年度利用情况			2016 年度利用情况		
		人次	卷次	件次	人次	卷次	件次	人次	卷次	件次
"985""211"和部属高校	总数	16 582	33 659	2 853	20 073	39 853	8 365	32 194	68 514	16 614
	平均数	8 291	16 829.5	1 426.5	10 036.5	19 926.5	4 182.5	8 048.5	17 128.5	4 153.5
省属普通高校	总数	33 713	41 888	111 084	37 003	45 413	127 474	42 286	66 498	153 884
	平均数	864.44	1 074.05	2 848.31	925.08	1 135.33	3 186.85	1 084.27	1 705.08	3 945.74
高职高专和独立学院	总数	6 815	4 957	10 904	9 071	7 515	15 986	9 292	9 299	22 884
	平均数	189.31	137.69	302.89	255.43	208.75	444.01	238.26	238.44	586.77
	总计	57 110	80 504	124 841	66 147	92 781	151 825	83 772	144 311	193 382

从对三类高校之间档案利用情况的统计分析看，在档案平均利用人次、档案平均利用卷次方面，"985""211"和部属高校远远超过其他两类高校；而在档案利用件次方面，"985""211"以及部属高校和省属普通高校远超高职高专和独立学院。这与学校的规模、教职工对档案的需求密切相关，也与档案机构的主动作为、有效服务密不可分。如四川大学的档案提供利用情况尤为典型，五年间，年均利用 14 155 人次，年均利用卷次在 31 000卷以上，远超其他高校，较好地发挥了档案的利用价值。

二、档案利用的内容与方式

据调查，四川省各高校进行档案利用的主要目的为编史修志、工作查考、学术研究、经济建设、宣传教育和个人档案利用。成都信息工程大学人南校区西区于 2014 年 12 月进行水电维修，档案室提供了人南校区西区、东区所有图纸，为人南校区西区的水电维修提供了基础保证。成都医学院分别于 2013 年接受教育部本科教学评估、2015 年接受教育部临床专业认证，学校档案馆在这两次学校重要工作开展之际，主动积极地为各专业评估工作与认证工作的顺利进行提供了大量的档案资料。成都农业科技职业学院信息分院课题组于 2016 年利用成都平原农耕文化特色档案库档案资料，完成了省部级课题"农耕文化三维漫游"作品。

据调查，以教师档案、学生档案为主要对象的利用需求越来越多，其利用率不断提高。教师档案广布在党群、行政、教学、科研、财会、出版、声像、实物、基建、人事等档案门类中，在教师们开展学术深造、职务职称晋升、科研项目申报、结题、报奖、买房贷款、遗产继承等方面起着重要的凭证作用。学生档案中的学籍档案是学生在国内外求学求职、学历学位认证的重要依据。

省内各高校档案机构提供档案利用的方式主要有：到馆查阅、借阅、复印、拍照、扫描、传真、电话、邮件、网站查询浏览下载、拷贝、参观接待解说、出具档案证明、出国翻译等。高校档案机构提供的档案服务方式日趋多样化，同时也有不少高校档案机构在探索网络时代提供档案利用的服务方式与服务内容方面的创新。

三、档案陈列与展览

档案展览作为档案资源开发利用的有效方式之一，已成为档案机构宣传、挖掘档案文化价值的重要形式。近年来，越来越多的省内高校档案机构开展了档案陈列与档案展览工作，并不断探索档案展览的创新方式。据调查，总体来说，"985"高校、"211"高校和其他部属高校的档案陈列与展览工作要优于省属普通高校与高职高专和独立学院，见表 2-8。

表 2-8　2011—2016 年四川高校开展档案陈列或展览数量统计表

高校类型	2011 年	2012 年	2013 年	2014 年	2015 年	2016 年
"985" "211" 和部属高校	3	3	3	3	2	3
省属普通高校	13	14	14	16	17	20
高职高专 独立学院	6	7	9	9	9	10
总计	22	24	26	28	28	33

全省高校档案机构开展的档案展览活动，主要有以下四种形态。

第一种形态是以校史陈列与展览为主。办学历史悠久的高校保存着门类众多、内容丰富的档案，为学校校史馆的建设提供了有利条件，是储存学校历史记忆，传承大学文化与精神的重要载体。截至 2016 年年底，省内共有 16 所高校设立了校史馆，长年开馆展示学校的办学历程与成就。如西南财经大学校史馆，可用于布展的面积约 1 200 平方米，分为序厅、日月光华、丹心铁卷、鲲激鹏举、云帆远济和专题展区六个部分，以实物、纸质档案、照片等第一手档案资料为依据，通过浮雕、油画、场景还原、多媒体系统等多种艺术形式和技术手段，真实全面、生动形象地展示了西南财经大学自 1925 年建校以来的发展历程、文化传统和办学成就，成为西南财经大学开展校史校情宣传、展示学校风貌和教育学生的重要基地。成都中医药大学档案馆于 2016 年为庆祝建校 60 周年，举办了"珍藏历史记忆，镌刻发展辉煌"展览，展览由建校历程、学校印章、历代名师、老校区照片、桃李芬芳等几个板块构成，以图片、档案文件原件等形式展现了该校的建设历程。四川工业科技学院档案室在 2011 年进行的校史陈列室筹备工作中，积极收集了大量学校建校初期的珍贵实物档案、照片档案，从中筛选了 600 余张历史照片档案和 70 多件珍贵实物档案，以及各类档案 1 300 余件，移交陈列室，充实了陈列室的陈列内容。

第二种形态是举办不定期的档案专题展。各高校利用各自特有的档案史料，围绕特定的主题，开展展览活动。在展览的选题内容、展品设计等方面，充分体现了档案不同于其他信息源的深度与广度，为档案与其他信息源合作，走信息资源专题化、系统化、立体化的整合之路提供了新的方式。如西南交通大学于 2012 年举办了"林同炎诞辰 100 周年展""张维院士诞辰 100 周年展""刘恢先院士诞辰 100 周年展"等校友及著名人物系列专题展；四川农业大学于 2015 年举办了"杨开渠遗存档案展"等。

第三种形态是举办校藏档案精品展。不少高校保存有一些珍贵的历史档案，展出这些档案，利于推进高校档案文化建设的发展。如西南石油大学的"时空回廊·户外校史馆"在两校区巡展；四川旅游学院荣誉室中的荣誉档案展，集中了该校珍贵的档案，通过集中展示的方式，给参观者带去鲜活的记忆和深刻的印象。

第四种形态是利用现代网络技术举办网上校史展。四川文理学院档案馆网站的首页，就以网上展览的形式，将基于馆藏档案史料组织的校史介绍，组成"文脉肇起 1906—1975""筚路蓝缕、初创基业 1976—1982""革故鼎新、锐意进取 1983—1999""负重前行 2000—2006""跨越腾飞 2006""长风破浪、扶摇腾飞 2006"等几个板块。以时间为脉络，介绍了四川文理学院的办学历程：缘起龙山书院、到早期新式学堂达县中学堂、到早期师范教育的开办达县县立简易乡村师范学校、再到达县师范学院的建设，并穿插介绍了四川文理学院一路走来的名师与优秀学生、以及高校建立以来付出的努力与取得的成就。办网上校史展览，扩大了该校档案工作影响力，提高了馆藏档案价值的认知度。

四、档案编研工作

高校档案馆（室）的编研工作，是以馆（室）藏档案为主要对象，以满足高校利用档案的需要为主要目的，在研究档案内容的基础上，编辑史料、编写档案参考资料、编史修志、撰写专门著述。高校档案机构积极开展档案编研工作，充分挖掘档案的价值、提高档案工作的地位、扩大档案工作的影响力，使高校档案工作充满生机与活力。四川省各高校档案机构在 2011—2016 年期间，档案编研成果公开出版发行的数量呈现明显的上升趋势；非公开出版发行的内部参考资料等编研成果，其数量与种类远大于公开出版的编研成果，显示出各高校档案机构的档案编研工作还有很大的提升空间（见图 2-3、图 2-4）。

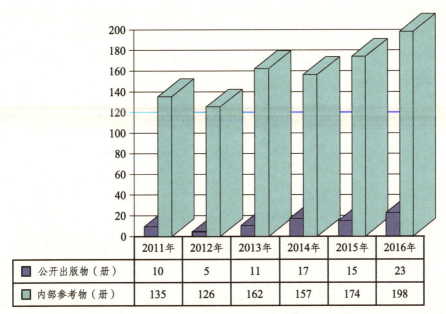

	2011年	2012年	2013年	2014年	2015年	2016年
公开出版物（册）	10	5	11	17	15	23
内部参考物（册）	135	126	162	157	174	198

图 2-3 2011—2016 年四川省高等学校档案编研册数统计表

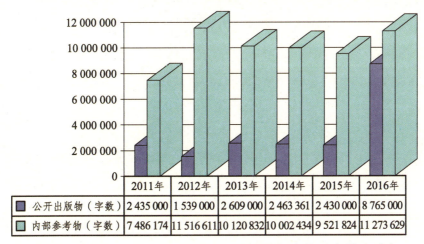

	2011年	2012年	2013年	2014年	2015年	2016年
公开出版物（字数）	2 435 000	1 539 000	2 609 000	2 463 361	2 430 000	8 765 000
内部参考物（字数）	7 486 174	11 516 611	10 120 832	10 002 434	9 521 824	11 273 629

图 2-4 2011—2016 年四川省高等学校档案编研字数统计表

（一）编研成果丰富

据调查，全省各高校在 2011—2016 年期间，利用室藏档案资料编研并公开出版的成果有 81 种，字数高达两千多万，有公开出版物的高校占比为 12.4%，其中连年公开出版编研成果的有四川大学、四川师范大学、西南财经大学等高校。印制内部参考成果共 952 种，字数近 6 000 万。如 2006 年，四川农业大学迎来建校 100 周年，四川农业大学档案馆编撰出版了《四川农业大学史稿》（2006 版），以档案史料介绍了四川农业大学建校历史：从 1906 年四川通省农业学堂成立，四川农业大学即萌生于此，到 1914 年学堂先后改称四川高等农业学校、国立四川大学农学院；中华人民共和国成立后成为四川大学农学院；1956 年四川大学农学院从成都迁往雅安，独立建校为四川农学院；1985 年经上级批准更名为四川农业大学至今。《四川农业大学史稿》（2006 版）回顾百年历程，弘扬学校精神，展示办学成就，凝聚、激励人心，总结学校发展，迈向新的征程。成都体育学院于 2012 年为庆祝该校建校七十周年而编写校志——《成都体育学院发展历程》，编写期间，校志编写小组查阅了大量的原始档案材料，档案借、查阅利用量近 2 100 卷次。校档案馆馆藏中保存的大量原始的档案记录，为校志的编写提供了最原始、翔实的第一手史料，成为《成都体育学院发展历程》书中史实的重要依据和主要资料来源。成都大学档案馆坚持以编研促档案文化建设，初见成效：近年来该校档案馆完成了《成都大学教学成果资料汇编》《成都大学精品课程》《成都大学人才培养成果汇编》，2013 年编辑出版了《成都学院（成都大学）校史（1978—2013）》《成都大学学生名录》《携手同行 服务区域——成大民盟三十年纪事》等，编研成果已实现从传统文件汇编向学术研究成果转换。四川旅游学院综合档案室，为成都地方志办公室提供了四川省休闲运动产业发展战略研究（2006KY12-6）、餐饮企业战略管理研究（2006KY12-20）、近代川菜发展史研究（2008KY12-10）、贴近市场研究餐饮旅游人才培养模式（2006KY12-9）等研究课题资料的复印件，协助成都市住宿餐饮业协会编撰成都市 1990—2008 年住宿餐饮业发展史志。

（二）编研成果质量较高

综合评估各高校档案机构近年来编撰完成的各项编研成果，"985" 高校、"211" 高校和部属高校的档案编研成果质量较好，省属普通高校次之，高职高专和独立学院编研工作较为薄弱，省属普通高校编研内部参考资料较多（见表 2-9）。

表 2-9　2011—2016 年四川省高等学校档案编研工作情况分类统计表

高校类型		2011 年档案编研				2012 年档案编研			
		公开出版		内部参考		公开出版		内部参考	
		册书	字数	册书	字数	册书	字数	册书	字数
"985""211"和部属高校	总量	7	1 113 000	5	260 000	3	360 000	8	153 400
	平均数	1.75	278 250	1.25	65 000	0.75	90 000	2	38 350
省属普通高校	总数	3	1 322 000	65	6 577 800	2	1 179 000	94	11 172 374
	平均数	0.077	3 389.743	1.667	168 661.538	0.051	30 230.769	2.410	286 471.128
高职高专和独立学院	总数	0	0	65	648 374	0	0	24	190 837
	平均数	0	0	1.413	14 095.087	0	0	0.522	4 148.630
	总计	10	2 435 000	135	7 486 174	5	1 539 000	126	11 516 611

续表

高校类型		2013 年档案编研				2014 年档案编研			
		公开出版		内部参考		公开出版		内部参考	
		册书	字数	册书	字数	册书	字数	册书	字数
"985""211"和部属高校	总量	8	1 404 000	2	620 000	11	521 000	2	1 000 000
	平均数	2	351 000	0.5	155 000	2.75	130 250	0.5	250 000
省属普通高校	总数	3	1 205 000	134	8 901 031	6	1 942 361	134	8 641 923
	平均数	0.077	30 897.435	3.436	228 231.564	0.154	49 804.128	3.436	221 587.769
高职高专和独立学院	总数	0	0	26	599 801	0	0	21	36 0511
	平均数	0	0	0.565	13 039.152	0	0	0.457	7 837.197
	总计	11	2 609 000	162	10 120 832	17	2 463 361	157	1 000 2434

高校类型		2015 年档案编研				2016 年档案编研			
		公开出版		内部参考		公开出版		内部参考	
		册书	字数	册书	字数	册书	字数	册书	字数
"985""211"和部属高校	总数	9	840 000	3	400 000	15	6 210 000	5	550 000
	平均数	2.25	210 000	0.75	100 000	3.75	1 552 500	1.25	137 500
省属普通高校	总数	6	1 590 000	146	8 771 824	8	2 555 000	160	10 623 629
	平均数	0.154	40 769.231	3.744	224 918.564	0.205	65 512.821	4.102	272 400.744
高职高专和独立学院	总数	0	0	25	350 000	0	0	33	100 000
	平均数	0	0	0.543	7 608.696	0	0	0.717	2 173.913
	总计	15	2 430 000	174	9 521 824	23	8 765 000	198	11 273 629

以四川大学为例，四川大学档案馆（校史办公室）以编辑出版《四川大学记忆：校史文献选辑》系列图书为起点，正式启动"四川大学校史文化工程"，努力建设弘扬学校优良校风和学风的文化园地，积极打造体现社会主义特点、当今时代特征、研究型大学特质和四川大学特色的新型大学校园文化。四川大学校史文化丛书《四川大学记忆：校史文献选辑》2010 年 4 月由四川大学出版社正式出版发行。该系列图书主要是依托四川大学档案馆馆藏历史档案编纂而成的重要历史文献。其中，第一辑上辑选编了国立四川大学时期的校长、著名教育家、化学家任鸿隽先生在校任职期间的公文以及演讲稿和《五十自述》等珍贵手稿，下辑选编了私立华西协合大学时期中国近现代史上学术大家的通信手稿，二者皆对中国近代现代教育史、学术史、学者生活史的研究有着原始的不可替代的文本意义，是四川大学利用档案、拓展档案工作深度的有益尝试；第二辑为《鹿传霖与四川大学》，主要收录四川大学即四川

中西学堂创办人、四川总督鹿传霖的生平事迹以及对四川大学发展的贡献等有关资料，提供了四川大学馆藏四川中西学堂档案的全部内容；第三辑为《叠溪地震与四川大学》，主要收录1933年叠溪地震后以诸有斌等为代表的四川大学师生前仆后继，奔赴地震重灾区开展科学考察活动的有关资料，不仅为科学研究活动积累了极其丰富的第一手资料，而且以临危而不乱、处惊更果敢的英雄壮举，树立了不朽的历史丰碑，用热血和汗水浇注着历久弥新的四川大学精神，第四辑《四川大学英烈》是在1998年出版的《四川大学英烈》第一版的基础上修订而成。为纪念建党九十周年，四川大学档案馆（校史办公室）广泛收集和整理在四川大学学习和工作过的革命烈士的英雄事迹，并进行了大量的查考工作。在档案馆历史档案中，相关人员查档700余卷，新增加了烈士的入学登记表、在校学习成绩单、照片以及毕业存根等大量的资料。除对第一版进行了全面的文字校订，本书还增加了大量的图片和档案资料，并且补充了原四川大学龙鸣剑、缪嘉文、艾文宣和原华西医科大学余宏文、杨达、黄孝逴、毛英才、王开疆、詹振声等烈士的英雄事迹，最全面地展现了为了中华民族而无私奉献的四川大学英烈的光辉人生。

又如西南交通大学档案馆为进一步翔实、客观地记录学校历史，积极联系国家档案局、中国第一历史档案馆以及铁路总公司档案史志中心等相关单位，广泛搜集校史史料，理清学校历史上存疑的难点问题，于2016年5月13日，出版发行了《西南交通大学校史》（五卷本）。《西南交通大学校史》（五卷本）的正式出版，一是填补了西南交通大学历史的空白，有了一部言之有据、比较系统的史书；二是对一些以前语焉不详的事件或人物，做了进一步的考据或澄清；三是发掘了一些以前没有发现或未引起注意的档案史料，丰富了校史文化；四是彰显了学校的优良传统。

第三章
高校档案信息化建设

第一节　档案信息化规划

四川省高等学校档案机构主动争取学校领导支持，将档案信息化建设纳入学校信息化建设总体规划，并出台相关文件，有的在档案工作发展规划中明确档案信息化建设要求，有的出台专门性的建设规划方案，推进档案信息化建设有序开展。据调查，共有 18 所高校档案机构出台了档案信息化建设文件，其中"985"高校 1 所，省属普通高校 11 所，高职高专和独立学院 6 所。例如，《成都理工大学档案馆 2011—2015 年发展规划》（2011）、《四川大学档案信息化建设规划》（2012）、《四川理工学院档案数字化方案》（2016）、《绵阳师范学院档案事业"十三五"规划》（2017）。四川省高等学校档案信息化建设规划文件出台时间最早是在 2004 年，主要集中在 2011—2017 年间（见表 3-1）。

表 3-1　四川省高等学校档案信息化规划出台情况统计表

高校类型	档案信息化建设规划文件出台	出台时间								
		2004	2007	2011	2012	2013	2014	2015	2016	2017
"985""211"和部属高校	1				1					
省属普通高校	11	1	1	2	1	1		2	1	2
高职高专和独立学院	6					1	1	2	2	
总计	18	1	1	3	1	2	1	4	3	2

第二节　档案数字化实施

四川省各高校根据档案保管和利用的需求，优先对党群、行政类，以及录取、学籍、毕业等利用频繁的档案进行了数字化。全省 56 所高校开展了纸质档案数字化工作，形成了共计约 1 543 920 余件、309 524 卷数字档案，占比为 28%。开展数字化较早的学校有成都理工大学、西南科技大学、成都大学等。表 3-2 为四川省高等学校档案全文数字化存储情况统计表。

表 3-2　四川省高等学校档案全文存储情况统计表

高校类型	全文存储数量（卷）		全文存储在单位档案中所占比数						
	总数	平均数（未填的算作 0）	0～10%	10%～20%	20%～30%	30%～40%	40%以上	平均占比（只统计填了的）	平均占比（所有，未填的算为 0）
"985""211"和部属高校	17 061	4 265.25	1	1	0	0	0	11.30%	5.65%
省属普通高校	192 351	4 932.076	8	5	4	2	2	18.95%	10.83%
高职高专和独立学院	100 112	2 176.348	7	0	2	1	5	29.80%	9.72%

四川省各高等学校档案机构形成案卷级机读目录 1 384 750 条，文件级机读目录 4 838 475 条。"985"高校、"211"和部属高校机读目录数据情况见表 3-3。

表 3-3　四川省高等学校档案机读目录情况统计表

高校类型		案卷级机读目录（条）	文件级机读目录（条）
"985""211"和部属高校	总数	396 312	872 185
	平均数	99 078	218 046.25
省属普通高校	总数	910 274	3 367 423
	平均数	23 340.359	86 344.179
高职高专和独立学院	总数	78 164	598 867
	平均数	1 699.217	13 018.848
	总计	1 384 750	4 838 475

第三节　档案信息管理系统建设

据调查，档案管理纳入学校 OA 系统的高校共 19 所，其中省属普通高校 11 所，高职高专和独立学院有 8 所，占比分别是 28.21% 与 17.4%；"985"高校未将档案管理纳入学校 OA 系统。

四川省共有 63 所高校使用档案管理软件，其中省属普通高校与高职高专及独立学院分别有 34 所和 25 所，"985"高校、"211"高校和部属高校全部使用档案管理软件管理档案。在软件种类方面，总共有 37 所高校使用南大之星软件，5 所高校使用四川省档案电子管理系统，使用的其他类软件包括紫晶文档管理一体化系统、轩恩档案管理系统、上海新影捷数字化档案安全系统、思源档案管理软件、博阳好易档案软件、金锐档案管理系统等。部分高校采用自主研发的档案系统，如四川大学"兰台川大"档案管理信息系统、西华大学数字化档案管理系统、四川工商学院档案管理系统、西南交通大学希望学院与四川文化传媒职业学院采用华西希望集团公司档案管理系统。四川省高等学校档案管理信息系统建设情况见表3-4。

表3-4 四川省高等学校档案管理信息系统建设情况统计表

高校类型	纳入单位OA系统		档案管理软件				
	总数	占比	使用档案管理软件高校数量	占比	南大之星	四川省档案电子管理系统	其他软件
"985""211"和部属高校	0	0%	4	100%	2	0	2
省属普通高校	11	28.21%	34	87.18%	25	0	9
高职高专和独立学院	8	17.40%	25	53.34%	12	5	8

第四节 特色档案数据库建设

四川省高等学校特色档案数据库最早建设于1999年，西华大学建立了校级档案目录数据库，多数高校集中于2011年及以后开始建设。据统计，全省高校共有特色档案数据库23个，其中"985"高校、"211"高校和部属高校有5个，省属普通高校有16个，高职高专和独立学院有2个，档案数据库的具体建设情况见表3-5。

表3-5 四川省高等学校特色档案数据库建设情况统计表

高校类型	数量	建设时间												
		1999	2004	2005	2006	2007	2010	2011	2012	2013	2014	2015	2016	2017
"985""211"和部属高校	5	0	0	0	0	0	1	0	2	1	0	0	1	
省属普通高校	16	1	1	1	1	1	0	3	1	1	1	1	3	1
高职高专和独立学院	2	0	0	0	0	0	0	0	0	0	2	0	0	
总计	23	1	1	1	1	1	1	3	3	2	3	1	4	1

各高校建设的特色档案数据库类型，主要有校史数据库、教学档案数据库、学生档案数据库等。例如四川大学分别于2010年建立了校史图片资源库、2012年建立了校史音视频资源库，2013年建立了优教案、手稿库；西南财经大学于2012年建设了校友查询系统；四川农业大学2004年建设了毕业生优秀论文数据库；成都理工大学2013年建设了毕业生档案转递信息数据库；成都工业学院近年来先后开发了"学生档案转递系统""学生档案查询系统""教职工个人科技档案管理系统（网络版）"，师生们依托校园网，可以实现特定类别档案的精确检索和

资料信息的获得；成都农业科技职业学院建设了成都平原农耕文化特色档案资源库等。

高校特色档案数据库的利用，主要通过两种方式：一是通过档案管理人员代为查询，二是利用者自主获取。如西南财经大学，对于查档需求，既可以由档案人员通过档案管理系统为利用者提供在线、远程等多种方式的档案查阅服务，也可以指导利用者，借助校友查询系统以及在校史馆增设的查询终端，为前来参观的校友提供自主查阅服务。

第五节　档案网站建设

随着信息社会与信息技术的发展，省内高校档案机构为了拓展档案的有效利用，为校内师生员工提供更为高效便捷的档案利用服务，纷纷开始建设各自的档案网站，以推动档案利用网络化进程和开展档案文化宣传。"985"高校、"211"高校和部属高校档案机构已全部建立了自己的档案网站，有18所省属普通高校的档案机构建立了档案网站，有8所高职高专和独立学院建立了档案网站，详见表3-6。高校档案网站主要为用户提供以下服务：政策法规制度宣传、档案工作动态介绍、服务指南、馆情介绍、馆务公开、校史研究、在线查档、在线/留言咨询、档案展览、业务指导、资料下载、代拟稿等。如电子科技大学在档案馆网站的《成电纪事》专栏中，基于馆藏档案资料，介绍了增强型硅靶微光摄像管研制始末、该校若干国内首创专业回顾、我国首个无线电零件专业的创建与发展、我国首个煤尘瓦斯爆炸试验站遥测遥控系统研制历程、我国第一部十门全电子交换机、四川省人民医院与电子科技大学的渊源、该校沙河校区主楼的修建过程、成电创建初期的苏联专家和老校址的由来等历史事件。该专栏详细还原了电子科技大学成立以来的重大事件的始末，对追溯高校历史、反映高校风貌具有重大意义。

表 3-6　四川省高等学校档案网站建设情况统计表

高校类型	档案网站数量	档案网站建设时间											
		2004	2005	2006	2007	2008	2010	2011	2012	2013	2014	2015	2016
"985""211"和部属高校	6								1	4	1		
省属普通高校	18	2	2	1	2	1	3	1	1	2		1	2
高职高专和独立学院	8						1	1	1	1	1	1	2
总计	32	2	2	1	2	1	4	2	3	7	1	3	4

第四章
高校档案机构学术活动

　　教育部和国家档案局2008年颁布的《高等学校档案管理办法》第八条规定，高校档案机构具有开展国内外档案学术研究和交流活动的职责。高校档案机构开展学术研究，一方面能促进馆（室）藏档案资源的开发利用，为高校行政、教学、科研等中心工作提供更好、更优质的服务；另一方面对于加强高校档案机构自身人才队伍建设，保障高校档案事业可持续发展具有重要意义。

　　随着高等教育改革发展的深入推进和信息技术手段的广泛应用，四川省各高校档案机构也越来越重视学术研究活动。"十二五"以来，四川省各高校档案机构在档案学术研究领域日益活跃，特别是在科研项目立项、学术成果展示和举办学术会议等方面，成绩尤为突出。

第一节　档案科研项目

一、国家级科研项目立项情况

　　2011—2016年间，四川省内有26所高校档案机构累计立项各级各类科研项目共96项，其中18个项目属在研状态，76个项目已结项，2个项目未上报项目完成情况。有4项属国家级科研项目，其中国家社科基金项目3项，中央其他部委项目1项。立项详细情况如表4-1所示。

表4-1　国家级科研项目立项情况一览表

序号	项目名称	所属单位	立项时间
1	基于信息组织技术的档案资源开发实证研究	四川大学	2012年
2	世界反法西斯东方战场视域下的滇缅铁路研究	西南交通大学	2016年
3	中国科学家群体的价值观研究及其德育启示	西南交通大学	2016年
4	百年以来羌学论著总目提要	西南民族大学	2013年

从上表中可以看出，高校档案机构立项的科研项目中，国家级的项目数量少，且研究内容主要以特色馆藏为主。

二、省级科研项目立项情况

四川省档案学会、省教育厅及四川省社科联等机构也有提供档案管理领域的科研项目。省内各高校档案机构有省级项目共 46 项，如表 4-2 所示。

表 4-2 省级科研项目立项情况统计表

高校类型	省级科研项目立项数量	占比
"985""211"和部属高校	10	21.74%
省属普通高校	29	63.04%
高职高专和独立学院	7	15.22%

从上表来看，省属普通高校档案机构立项总数为 29 项，占比 63.04%，成为省级档案科研项目研究的主力；高职高专和独立学院的立项总数为 7 项，占比 15.21%，还有进一步提升的空间。

三、其他类科研项目立项情况

除国家级和省部级科研项目外，省内高校档案机构还会承接和参研一些市级、校级和院级科研项目。根据省内各高校档案机构提供的数据统计，"十二五"期间，获得立项的其他类项目累计 46 项，立项情况如表 4-3 所示。

表 4-3 其他类科研项目立项情况统计表

高校类型	其他项目立项数量	占比
"985""211"和部属高校	11	23.91%
省属普通高校	27	58.70%
高职高专和独立学院	8	17.39%

第二节 档案学术论著

学术论文和学术专著是学术成果的重要表现形式。据调查，"十二五"期间，四川省高等学校档案工作人员共发表学术论文 316 篇，出版学术专著 48 本，主要有以下特点。

一是档案工作与校史研究相结合。四川省是较早采用高校档案机构和校史研究机构融为一体，实行一个班子两块牌子管理机制的省份，利用档案广泛开展学术研究在四川省高等学校档案机构中尤为盛行。四川省大多数高校，尤其是办学和建校历史较为悠久的院校，会主动承办或代管高校陈列馆，编写校史、校志、大事记，发表或出版相关学术论著，成果丰厚。例如，四川大学、西南交通大学、电子科技大学、成都理工大学、四川师范大学加强校史研究，编写并出版校史校志。

二是档案工作和文化建设相结合。省内各高校档案机构高度重视档案文化建设，不断加强档案文化建设研究，切实发挥档案文化对校园文化建设的重要作用。例如，西南财经大学、西南民族大学、内江师范学院、乐山师范学院、四川国际标榜职业学院等高校连续几年发表有关新形势下档案文化建设及高校文化建设等方面的论文。

三是档案工作和信息技术相结合。近年来，随着网络和信息技术的快速发展，省内各高校档案机构的学术研究热点相对集中在如何运用成熟的信息技术推动高校档案信息化建设、加强高校档案资源共享、提升高校档案利用效率方面。如西南石油大学发表信息资源共享及开发方面的论文，川北医学院发表高校档案信息化建设方面的论文，四川旅游学院发表档案信息生态系统构建方面的论文等。

据调查统计，截至 2016 年年底，省内"985""211"和部属高校的档案机构共发表或出版学术论著 146 篇（本），占比为 40.11%；普通省属高校共发表或出版学术论著 153 篇（本），占比为 42.03%；省内高职高专和独立学院共发表或出版学术论著 65 篇（本），占比为 17.86%。见图 4-1。

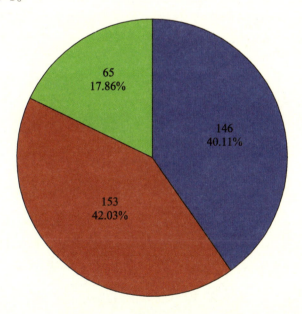

图 4-1 各类型高校档案机构学术论著数量

此次调查的高校地处四川省内 14 个市（州），其中，成都市作为四川省省会城市，区域内高校较多，单成都市区域内发表或出版的高校档案学术论著就达 253 篇（本），占比高达 69.51%。见图 4-2。

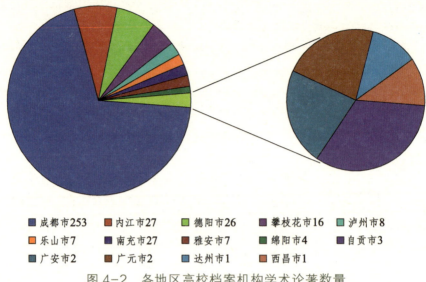

■ 成都市253 ■ 内江市27 ■ 德阳市26 ■ 攀枝花市16 ■ 泸州市8
■ 乐山市7 ■ 南充市27 ■ 雅安市7 ■ 绵阳市4 ■ 自贡市3
■ 广安市2 ■ 广元市2 ■ 达州市1 ■ 西昌市1

图 4-2　各地区高校档案机构学术论著数量

第三节　学术成果获奖

据调查，"十二五"以来，省内有 28 所高校的档案机构共计获得 49 个学术成果奖项，其中国家部委级奖项 2 个，省级奖项 33 个，市级奖项 11 个，校级奖项 3 个，见图 4-3。四川大学的《院系调整与四川大学》获得中国高等教育学会校史研究分会第五届优秀研究成果一等奖，西南石油大学的《兰台十载》获得国家档案局"档案——在你身边"征文优秀奖。四川省高等学校档案机构学术成果获奖情况见表 4-4。

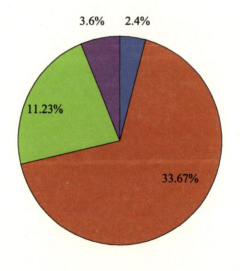

■ 国家级　■ 省级　■ 市级　■ 校级

图 4-3　学术成果获奖类型情况

从获奖的学术成果类型来看，四川省高等学校档案机构的学术研究主要有以下特点。

一是侧重档案管理领域的基础理论研究。不少高校档案机构主要围绕档案规范化、数字化等理论问题展开深入探讨与阐述。如成都纺织高等专科学校根据《高等学校档案管理办法》研究高职高专院校档案机构如何开展档案信息化建设；四川国际标榜职业学院针对实物档案的文化价值开展有益探讨等。

二是注重工作实践中亟待解决的具体业务问题研究。大至高校档案工作的文化建设、风险管理，小至高校档案原件与复印件的判定，均列入科研项目选题指南之内，鼓励高校档案工作人员理论联系实际，着重解决高校档案工作中存在的具体问题。如成都医学院发表的《医学院校档案管理存在的问题及对策》；成都航空职业技术学院结合自身院校的特殊性，从建设院校特色文化的角度，阐述如何有针对性地进行档案管理创新，发表了《基于航空院校特色文化建设的档案管理创新研究》。

表 4-4　四川省高等学校档案机构学术成果获奖一览表

学校名称	学术成果名称	获奖情况	获奖时间
四川大学	《基于创新能力、国际视野和人文境界培养的四川大学校史教育探索与实践》	四川大学教学成果一等奖	2012 年
	《华西坝：当年风物当年人》	四川省第 15 次哲学社会科学优秀科研成果（科普）三等奖	2012 年
	《院系调整与四川大学》	中国高等教育学会校史研究分会第五届优秀研究成果一等奖	2015 年
西南交通大学	《校史研究中国家级历史档案与学校馆藏档案的综合运用》	四川省档案协会优秀奖	2014 年
西南石油大学	《档案乃大学文化建设之源》	四川省档案局高校档案文化建设征文二等奖	2013 年
	《浅议信息时代下高校档案信息资源的共享》	四川省档案局高校档案文化建设征文优秀奖	2013 年
	《高校档案信息资源共享探讨》	四川省档案局高校档案文化建设征文优秀奖	2013 年
	《兰台十载》	国家档案局"档案——在你身边"征文优秀奖	2015 年
西南科技大学	《高校荣誉档案文化创新》	四川省档案局高校档案文化建设征文三等奖	2013 年
西华大学	《如何做好高校校庆档案的收集工作》	四川省 2014 年高校档案工作优秀科研成果二等奖	2014 年
	《大数据背景下四川社会科学数据开放与共享机制研究》	西华大学第四次哲学社会科学优秀成果奖三等奖	2015 年
四川农业大学	《高校档案文化建设在校园文化建设中的作用》	四川省档案局高校档案文化建设征文三等奖	2013 年
西昌学院	《康专图鉴》	凉山州政府哲学社会科学优秀科研成果一等奖	2015 年
绵阳师范学院	《高校实物档案的数字化初探》	绵阳市档案学会学术征文二等奖	2015 年
	《数字时代下高校档案的管理对策》	绵阳市档案学会学术征文二等奖	2016 年

续表

学校名称	学术成果名称	获奖情况	获奖时间
四川师范大学	《四川师范大学档案文化公共服务的实践与思考》	四川省档案局高校档案文化建设征文二等奖	2013 年
	《利用"档案馆日"促进大学文化建设》	四川省档案局高校档案文化建设征文三等奖	2013 年
	《图说师大——四川师范大学校史沿革系列汇编》	2012—2014 年度四川省优秀档案编研成果三等奖	2014 年
内江师范学院	《高校电子文件归档管理的思考》	四川省档案局高校档案工作协会2012 年度优秀科研成果	2012 年
成都大学	《对高校重大建设项目档案规范管理的思考》	四川省高等学校档案工作协会学术二等奖	2012 年
	《档案安全风险管理体系构建研究》	四川省高等学校档案工作协会学术二等奖	2015 年
成都工业学院	《红色档案在大学生校园文化建设和人才培养中的研究与应用》	四川省档案局高校档案文化建设征文二等奖	2013 年
攀枝花学院	《先秦玉文化研究——以饰玉为研究线索》	市级哲学社会科学优秀成果三等奖	2016 年
四川旅游学院	《档案信息系统的剖析》	四川省 2014 年高校档案工作优秀科研成果一等奖	2013 年
	《我国数字档案安全保障体系构建与实施研究》	四川省 2014 年高校档案工作优秀科研成果二等奖	2014 年
成都医学院	《从联邦制到民族区域自治——中国共产党解决民族问题的历史考察》	四川省第十五次党史学科优秀成果二等奖	2011 年
	《医学院校档案管理存在的问题及对策》	四川省 2014 年高校档案工作优秀科研成果三等奖	2014 年
四川工业科技学院	《浅谈高校电子文件的收集与利用》	德阳市第五届文秘学会优秀奖	2012 年
成都纺织高等专科学校	《从〈高等学校档案管理办法〉看档案信息化建设》	四川省 2012 年高校档案工作优秀科研成果三等奖	2012 年
	《基于加强校园文化建设的高校档案利用》	四川省档案局高校档案文化建设征文优秀奖	2013 年
成都航空职业技术学院	《基于航空院校特色文化建设的档案管理创新研究》	四川省社会科学优秀成果奖	2016 年
成都职业技术学院	《电子文件归档管理工作探索与实践研究》	成都职业技术学院第二届社会科学优秀成果三等奖	2016 年
四川建筑职业技术学院	《基于用户需求导向的高校档案数字化建设策略研究》	四川省高等学校档案工作协会 2015年年会暨学术研讨会优秀论文三等奖	2015 年
	《纸质档案数字化建设策略研究》	四川省高等学校档案工作协会 2015年年会暨学术研讨会优秀论文二等奖	2015 年

续表

学校名称	学术成果名称	获奖情况	获奖时间
四川国际标榜职业学院	《归档范围细化目录——部门档案收集整理的指南》	四川省2014年高校档案工作优秀科研成果 四川省第十六次社会科学优秀成果三等奖	2012年
	《谈实物档案的文化价值》	四川省档案局高校档案文化建设征文三等奖	2013年
	《谈高校特色档案馆藏资源建设》	四川省档案局高校档案文化建设征文优秀奖	2013年
	《档案整理过程中原件与复制件的判定》	四川省2016年高校档案工作优秀科研成果二等奖	2016年
	《高校特色档案馆藏资源建设——以四川国际标榜职业技术学院为例》	四川省2016年高校档案工作优秀科研成果优秀奖	2016年
乐山职业技术学院	《基于高校内涵建设的档案管理探索》	乐山市第十五届哲学社会科学成果二等奖	2014年
四川司法警官职业学院	《高校应加强评估档案入关的鉴定工作》	德阳市档案文秘学会年会二等奖	2011年
四川中医药高等专科学校	《高校档案工作初探及改进策略》	绵阳市2015年度档案学术征文活动优秀奖	2015年

第四节　学术团体与学术会议

一、学术团体

高校档案机构以会员身份加入的档案学术团体，其职责主要是组织其机构内的档案工作者进行档案工作理论与业务技能的研讨活动，以及参加档案学术团体组织的学术交流活动，提高机构内档案工作人员的学术水平，促进他们与各地区高校的档案工作者以及其他领域的档案工作者之间的交流与合作。四川省各高校参加档案学术团体情况见表4-5。

目前，四川省各高校档案机构参加的档案学术团体，按类型来分，主要有以下五种：一是国家级的高校档案工作学术团体，如中国高等教育学会下属档案工作分会、校史研究分会及教育部直属高校档案工作协会；二是跨区域合作的档案学术团体，如川渝高校档案工作协会和西南地区高校档案工作联盟；三是四川省一级高校档案学术团体，如四川省高等学校档案工作协会、四川省经济科技档案工作协作组等；四是四川省内各市（州）一级档案学术团体，如德阳市档案文秘学会、绵阳市档案协会等；五是部分高校内部成立的档案学术团体。

在各级各类档案学术团体中，四川省高等学校档案工作协会是四川省内最重要的高校档案学术团体。该协会肇始于1984年，最初的名称为四川省高等学校档案工作川西片区和川东片区协作组。1986 年，开始实行两个协作组的联合年会制度；1989 年，在联合年会基础上，正式成立了四川省高等学校档案工作协会。四川省高等学校档案工作协会是加强全省高校校际协作、联系全省高校档案工作者、开展学术和工作交流的组织，是四川省教育厅、四川省档案局领导和协调全省高校档案工作的参谋和助手，致力于推动四川省高等学校档案事业不断深化和发展。

表 4-5 四川省高等学校参加档案学术团体情况一览表

学校名称	学术团体名称	团体身份	参与时间
四川大学	中国高等教育学会档案工作分会	副理事长单位	2005 年
	中国高等教育学会校史工作分会	副理事长单位	2005 年
	四川省高等学校档案工作协会	理事长单位	2008 年
西南交通大学	教育部直属高校档案工作协会	会员单位	2011 年
	中国高等教育学会档案工作分会	会员单位	2011 年
	中国高等教育学会校史研究分会	会员单位	2014 年
	四川省高等学校档案工作协会	会员单位	2011 年
西南石油大学	四川省高等学校档案工作协会	会员单位	2005 年
四川理工学院	西南地区高校档案工作联盟	会员单位	2004 年
	四川省高等学校档案工作协会	成员单位	2004 年
四川农业大学	四川省高等学校档案工作协会	常务理事单位	2012 年
西昌学院	西南地区高校档案工作联盟	成员单位	2011 年
	四川省经济科技档案工作第一协作组	成员单位	2013 年
西南医科大学	四川省高等学校档案工作协会	理事单位	2010 年
川北医学院	四川省高等学校档案工作协会	会员单位	1986 年
	四川省经济科技档案工作第五协作组	成员单位	2006 年
四川师范大学	中国高等教育学会档案工作分会	会员单位	2008 年
	中国高等教育学会校史工作分会	会员单位	2014 年
	四川省高等学校档案工作协会	会员单位	1995 年
绵阳师范学院	四川省高等学校档案工作协会	会员单位	1995 年
	绵阳市档案协会	理事单位	2014 年
内江师范学院	西南地区高校档案工作联盟	成员单位	2014 年
四川文理学院	四川省高等学校档案工作协会	会员单位	1989 年
	达州市档案工作协会	会员单位	2013 年
西南财经大学	教育部直属高校档案工作协会	会员单位	2003 年
	四川省高等学校档案工作协会	会员单位	2003 年
	中国高等教育学会校史研究分会	会员单位	2012 年
成都体育学院	四川省高等学校档案工作协会	理事单位	1991 年
	西南地区高校档案工作联盟	成员单位	2013 年

续表

学校名称	学术团体名称	团体身份	参与时间
四川音乐学院	四川省高等学校档案工作协会	理事单位	2005 年
成都大学	四川省高等学校档案工作协会	常务理事单位	2006 年
	成都市档案学会	常务理事单位	2014 年
攀枝花学院	四川省高等学校档案工作协会	常务理事单位	2003 年
	攀枝花市档案工作学会	会员单位	2003 年
四川警察学院	四川省高等学校档案工作协会	会员单位	2012 年
成都医学院	四川省高等学校档案工作协会	成员单位	2005 年
四川工业科技学院	德阳市档案文秘学会	会员单位	2011 年
西南财经大学天府学院	四川省高等学校档案工作协会	会员单位	2015 年
	四川省经济科技档案工作协作组	成员单位	2015 年
成都纺织高等专科学校	四川省高等学校档案工作协会	会员单位	1997 年
成都航空职业技术学院	中航工业档案工作第七协作组	会员单位	1990 年
	四川省高等学校档案工作协会	会员单位	2002 年
成都职业技术学院	四川省高等学校档案工作协会	会员单位	2010 年
南充职业技术学院	四川省高等学校档案工作协会	理事单位	2007 年
绵阳职业技术学院	绵阳市档案协会	理事单位	2011 年
四川工程职业技术学院	四川省高等学校档案工作协会	会员单位	2000 年
四川建筑职业技术学院	四川省高等学校档案工作协会	会员单位	2009 年
四川国际标榜职业学院	四川省高等学校档案工作协会	会员单位	2007 年
乐山职业技术学院	四川省高等学校档案工作协会	会员单位	2008 年
	乐山市档案协会	会员单位	2009 年
四川司法警官职业学院	德阳市档案文秘学会	曾为理事单位	2005 年
四川信息职业技术学院	四川省高等学校档案工作协会	会员单位	2007 年
四川中医药高等专科学校	四川省高等学校档案工作协会	会员单位	2011 年
	绵阳市档案协会	会员单位	2011 年
四川财经职业学院	四川省高等学校档案工作协会	会员单位	2009 年
四川卫生康复职业学院	四川省经济科技档案工作第三协作组	成员单位	2016 年

二、学术会议

参加或组织档案学术会议是省内各高校档案机构开展档案业务和学术交流的主要形式。据调查,省内各高校档案机构参加或组织学术会议活动的积极性非常高,截至 2016 年年底,省内各高校档案机构轮流组织召开了各类档案学术会议 109 次。档案学术会议类型主要有高校档案工作经验交流会、高校档案工作培训会、高校档案管理理论学术研讨会等。

分析省内各类高校档案学术会议，我们可以看到如下特点：一是高校档案机构极为重视现代信息技术对于档案工作的影响，例如四川省高等学校档案工作协会 2016 年年会的主题就是"探讨数字背景下档案服务利用的拓展以及文献影像技术的开发应用"，反映了高校档案机构高度关注档案工作如何紧跟时代发展，重视新理念、新技术、新方法的引入，提高高校档案机构的业务水平和服务能力的思考与探索；二是高校档案机构极为重视高校档案业务工作方面的经验交流，从表 4-6 中，我们可以看到业务培训与业务交流类型的会议占了相当大的比重。

表 4-6　2011—2016 年四川省高等学校参与或组织档案学术会议一览表

学校名称	会议（活动）名称	会议类型	参与/组织时间
四川大学	全国高校档案工作科学发展论坛暨川渝高校档案协会第三届学术年会	学术年会	2011 年
	高校见证：四川高校发展专题展	学术交流	2013 年
	高校档案文化论坛	专项学术交流	2014 年
西南交通大学	西南地区高校档案工作联盟成立大会暨第一届学术年会	学术年会	2013 年 11 月
	中国高等教育学会校史研究分会第十三届学术年会	学术年会	2014 年
	西南地区高校档案工作联盟第二届学术年会	学术年会	2014 年 11 月
	西南地区高校档案工作联盟第三届学术年会	学术年会	2015 年 10 月
	中国高等教育学会校史研究分会第十四届学术年会	学术年会	2016 年 1 月
	首届教育部直属高校青年档案工作者论坛	学术交流	2016 年 5 月
	西南地区高校档案工作联盟第四届学术年会	学术年会	2016 年 11 月
	2016 年教育部直属高校档案工作协会馆长论坛	学术交流	2016 年 11 月
电子科技大学	中国高等教育学会校史研究分会第十四届学术年会	学术年会	2016 年 1 月
	档案行业标准、办法宣贯暨工作经验交流会议	经验交流	2016 年 4 月
西南石油大学	西南地区高校档案工作联盟第二届学术年会	学术年会	2014 年 11 月
	四川省高等学校档案工作协会第六届理事会第四次会议暨专题学术研讨会	学术交流	2016 年
西南科技大学	西南地区高校档案工作联盟第二届学术年会	学术年会	2014 年 11 月
	西南地区高校档案工作联盟第三届学术年会	学术年会	2015 年 10 月
成都信息工程大学	全省高等学校档案馆（室）负责人培训会	业务年会	2016 年 1 月

续表

学校名称	会议（活动）名称	会议类型	参与/组织时间
西华大学	第一届信息获取与知识服务国际学术会议暨第六届搜索行为与用户认知研讨会	国际学术会议	2014 年 1 月
	西南地区高校档案工作联盟第二届学术年会	学术年会	2014 年 11 月
	第四届中国档案职业发展论坛	学术交流	2015 年 5 月
	四川高校档案业务知识竞赛	业务活动	2015 年 6 月
	四川省高等学校档案工作协会第六届理事会第四次会议暨专题学术研讨会	学术交流	2016 年 5 月
	四川省档案文化建设工作座谈会	专题业务交流	2016 年 10 月
	四川省高等学校档案馆（室）负责人培训会	业务培训	2016 年 9 月
	四川省经济科技档案工作协作组业务交流会	学术年会	2016 年 12 月
中国民用航空飞行学院	西南地区高校档案工作联盟成立大会暨第一届学术年会	学术年会	2013 年 12 月
四川农业大学	四川省高等学校档案工作协会会议	业务交流	2011—2016 年
	全国农业高校档案工作协作组会议	业务交流	2012—2013 年
	四川省高等学校档案工作协会第五届理事会第六次会议	学术交流	2012 年 4 月
西昌学院	西南地区高校档案工作联盟成立大会暨第一届年会	学术年会	2013 年 12 月
	西南地区高校档案工作联盟第二届年会	学术年会	2014 年 11 月
	西南地区高校档案工作联盟第三届年会	学术年会	2015 年 10 月
	西南地区高校档案工作联盟第四届年会	学术年会	2016 年 11 月
成都中医药大学	四川省档案局、四川省高等学校档案工作协会以及西南地区高校档案工作联盟组织的学术活动	学术交流	2011—2016 年
川北医学院	档案信息化建设研讨会	专项研讨会	2011 年 10 月
	四川省高等学校档案工作协会第五届理事会第六次会议	学术交流	2012 年 4 月
	档案学术交流会	学术交流	2012 年 12 月
	四川省高等学校档案工作协会第六届会员代表大会	学术交流	2013 年 4 月
	四川省高等学校档案工作协会第六届理事会第三次会议	学术交流	2015 年 5 月
	西南地区高校档案工作联盟第三届学术年会	学术年会	2015 年 10 月
	全省高等学校档案馆（室）负责人培训会	业务培训	2016 年 9 月
	四川省高等学校档案工作协会 2016 年年会暨学术研讨会	学术研讨	2016 年 5 月
	西南地区高校档案工作联盟第四届学术年会	学术年会	2016 年 11 月
四川师范大学	四川省档案工作"十三五"规划研讨会	业务研究	2016 年 6 月
绵阳师范学院	绵阳市 2016 年档案工作会议	业务工作会	2016 年 3 月
	绵阳市档案学会 2016 年档案培训	业务培训	2016 年 11 月
	绵阳市档案学会 2016 年年会	学术年会	2016 年 12 月
	西南地区高校档案工作联盟第四届学术年会	学术年会	2016 年 11 月
	全省高等学校档案馆（室）负责人培训会	业务培训	2016 年 7 月

续表

学校名称	会议（活动）名称	会议类型	参与/组织时间
内江师范学院	西南地区高校档案工作联盟学术年会	学术年会	2013—2016 年
四川文理学院	川渝高校档案工作协会联合理事会	业务研讨	2011 年
	西南地区高校档案工作联盟第四届学术年会	学术年会	2016 年 11 月
乐山师范学院	2012 年全国高校档案工作者年会	学术年会	2012 年 1 月
	2015 年南大之星软件培训会	专项业务培训	2015 年 1 月
西南财经大学	档案信息化建设研讨会	业务交流	2011 年 1 月
	川渝高校档案工作协会联合理事会	学术交流	2011 年 4 月
	全国高校档案工作科学发展论坛暨川渝高校档案工作协会第三届学术年会	学术交流	2011 年 5 月
	川渝高校档案工作协会第四届学术年会	学术年会	2012 年 1 月
	教育部直属高校档案工作协会第十一次学术研讨会	学术交流	2012 年 1 月
	中国高等教育学会校史研究分会第 12 届学术年会	学术年会	2012 年 5 月
	中国高等教育学会档案工作分会 2012 年学术会议	学术交流	2012 年 11 月
	文献、古籍、档案保护技术研究会	业务交流	2012 年 11 月
	四川省经济科技档案工作协作组第十七小组 2012 年年会	业务交流	2013 年 1 月
	四川省经济科技档案工作协作组第十七小组 2013 年年会	学术年会	2013 年 1 月
	四川省高等学校档案文化建设论坛	业务交流	2013 年 6 月
	西南地区高校档案工作联盟成立大会暨第一届学术年会	学术年会	2013 年 12 月
	中国高校校史研究会第一届年会	学术年会	2014 年 1 月
	全省档案局长（馆长）会议	业务交流	2014 年 2 月
	高校档案文化建设专题学术讲座	学术交流	2014 年 4 月
	2014 年《四川科技年鉴》研讨会	业务交流	2014 年 4 月
	中国高等教育学会档案工作分会第五届会员代表大会	业务交流	2014 年 6 月
	西南地区高校档案工作联盟第二届学术年会	学术年会	2014 年 11 月
	全国高等院校档案馆（室）数字化质量控制与信息化建设培训研讨班	学术交流	2015 年 1 月
	西南地区高校档案工作联盟第三届学术年会	学术交流	2015 年 10 月
	中国高等教育学会校史研究分会第十四届学术年会	学术年会	2016 年 1 月
	四川省高等学校档案工作协会第六届理事会第四次会议暨专题学术研讨会	学术交流	2016 年 5 月
	首届教育部直属高校档案工作协会青年档案工作者论坛	业务交流	2016 年 5 月
	四川省高等学校档案工作"十三五"发展论坛	学术交流	2016 年 6 月
	中国高等教育学会教学史分会年会	学术年会	2016 年 9 月
	教育部直属高校档案工作协会馆长论坛	学术交流	2016 年 11 月

续表

学校名称	会议（活动）名称	会议类型	参与/组织时间
成都体育学院	四川省高等学校档案工作协会学术会议	学术会议	2011—2016 年
	西南地区高校档案工作联盟学术年会	学术年会	2011—2016 年
四川音乐学院	四川省高等学校档案工作"十三五"发展论坛	业务探讨	2016 年 6 月
	创新档案文化建设的川大实践	专项业务交流	2014 年 4 月
成都工业学院	四川省高等学校档案工作协会学术研讨会	学术研讨	2011—2016 年
	西南地区高校档案工作联盟学术年会	学术年会	2013—2016 年
攀枝花学院	西南地区高校档案工作联盟第四届学术年会	学术年会	2016 年 11 月
成都医学院	四川省高等学校档案工作协会组织学术会议	学术交流	2011—2016 年
四川工业科技学院	四川工业科技学院兼职档案员培训会	业务培训	2014 年 11 月
	四川省高等学校档案馆（室）负责人培训会	业务培训	2016 年 9 月
西南财经大学天府学院	四川省高等学校档案馆（室）负责人培训会	业务培训	2016 年 9 月
	西南财经大学天府学院专、兼档案员培训	业务培训与交流	2015—2016 年
西南交通大学希望学院	四川省高等学校档案馆（室）负责人培训会	业务培训	2016 年
成都师范学院	西南地区高校档案工作联盟第四届学术年会	学术年会	2016 年 11 月
成都航空职业技术学院	2014 年航空工业档案工作地区协作组第七组暨航空工业档案学会分会学术交流会	学术交流	2014 年
	四川省高等学校档案工作协会 2016 年年会暨学术研讨会	学术交流	2016 年
南充职业技术学院	四川省高等学校档案工作协会学术年会	学术年会	2011—2016 年
内江职业技术学院	四川省高等学校档案工作协会工作会议	业务交流	2011—2016 年
绵阳职业技术学院	绵阳市档案协会业务培训会议	业务培训	2011—2016 年
	四川省高等学校档案馆（室）负责人培训会	业务培训	2016 年
四川建筑职业技术学院	全国高校档案工作科学发展论坛暨川渝高校档案协会第三届学术年会	学术年会	2011 年 5 月
	川渝高校档案学术研讨会暨川渝高校档案协会第四届学术年会	学术年会	2012 年 1 月
	西南地区高校档案工作联盟成立大会暨第一届学术年会	学术年会	2013 年 12 月
	四川省经济科技档案工作协作组第十七小组 2014 年年会	学术年会	2014 年 12 月
	四川省高等学校档案工作协会 2015 年年会暨学术研讨会	学术研讨会	2015 年 5 月
	西南地区高校档案工作联盟第四届学术年会	学术年会	2016 年 11 月

续表

学校名称	会议（活动）名称	会议类型	参与／组织时间
四川国际标榜职业学院	西南石油大学档案工作规范化管理认定会暨在蓉部分高校档案工作规范化管理现场会	业务交流	2012 年 6 月
	川渝高校档案学术研讨会暨川渝高校档案协会第四届学术年会	学术年会	2012 年 10 月
	四川省高等学校档案文化建设论坛	专项学术交流	2013 年 6 月
	西南地区高校档案工作联盟成立大会暨第一届学术年会	学术年会	2013 年 12 月
	西南地区高校档案工作联盟第二届学术年会	学术年会	2014 年 11 月
	四川省档案局（馆）长会议	工作会议	2015 年 1 月
	全省企业事业单位档案工作规范化管理培训班	业务培训	2015 年 4 月
	全省高校档案工作"十三五"发展论坛	专项学术交流	2016 年 6 月
	全省高等学校档案馆（室）负责人培训会	业务培训	2016 年 9 月
	全省企业事业单位档案工作规范化管理培训班	业务培训	2016 年 9 月
泸州职业技术学院	四川省经科档案工作第八协作组 2010 年工作会及重大建设项目档案培训会议	业务交流及培训	2010 年
成都艺术职业学院	全省高等学校档案馆（室）负责人培训会	业务培训	2016 年 9 月
乐山职业技术学院	四川省档案工作学术年会	学术年会	2011—2016 年
	四川省经济科技档案工作协作组会议	业务交流	2011—2016 年
	教育系统档案交叉检查会	业务交流	2011—2016 年
四川商务职业学院	四川省高等学校档案文化建设论坛	专题业务交流	2013 年
	四川省商务厅举办的归档和不归档范围、档案整理流程的培训	业务培训	2013 年
	四川省档案学校举办的档案的收集与移交、数字档案室建设等培训	业务培训	2014 年
	信息时代的高校档案工作会议	学术交流	2015 年
	四川省档案局经科处在四川省委党校举办的归档文件整理规则及档案数字化的学术会议	业务交流	2016 年
四川司法警官职业学院	四川省高等学校档案工作会议	工作会议	2016 年 9 月
	德阳市档案文秘学会年会	学术年会	2016 年 12 月
四川中医药高等专科学校	开展经济科技档案协作组学术与交流观摩活动	学术交流	2016 年

续表

学校名称	会议（活动）名称	会议类型	参与 / 组织时间
四川财经职业学院	四川省高等学校档案文化建设论坛	学术交流	2013 年
	西南地区高校档案工作联盟成立大会暨第一届学术年会	学术年会	2013 年 12 月
	西南地区高校档案工作联盟第二届学术年会	学术年会	2014 年 11 月
	西南地区高校档案工作联盟第三届学术年会	学术年会	2015 年 10 月
	全省高等学校档案馆（室）负责人培训会	业务培训	2016 年
	企（事）业档案培训（第二期）	业务培训	2016 年
	四川省经济科技档案工作协作组第十七小组 2016 年年会	学术年会	2016 年
四川卫生康复职业学院	四川省经济科技档案工作协作组第三组高校档案工作交流研讨会	业务交流	2016 年 11 月
四川警察学院	四川省高校档案工作学术年会	学术年会	2011—2016 年
	全省公安干部保密工作会、泸州市党政机关保密工作会	专项业务会议	2016 年 7 月
	全省高等学校档案馆（室）负责人培训会	业务培训	2016 年 9 月
	泸州市档案局组织的省经科协作第三组高校档案工作交流研讨会	业务交流	2016 年 11 月

第五章
高校档案机构交流合作

四川省各高校档案机构间的交流活动由来已久，且已经成为校外交流活动的常态。据调查，四川省高等学校档案机构校际交流方式主要有两种：现场当面交流和网络、电话沟通。例如西南交通大学前往清华大学、浙江大学、同济大学、武汉大学、华中科技大学、天津大学、上海交通大学、西安交通大学、北京交通大学、西北工业大学、石家庄铁道大学等高校档案机构进行交流。成都体育学院通过四川省高等学校档案工作协会等学术团体的QQ工作群，就平时业务工作中遇到的共同问题进行交流探讨。

第一节　校际交流

四川省高等学校档案机构校际交流的内容主要涉及以下三个方面。

第一，档案业务工作问题探讨。既包括各种门类档案的管理方法与管理模式，如干部人事档案管理、科研项目档案管理、实物档案管理等问题，也包括具体业务环节，如学生档案的收集保管与转递、档案信息的安全存储、电子档案的移交与接收等具体工作。

第二，档案信息技术与资源开发经验交流。交流的焦点主要集中在校史研究、数字档案馆（室）建设、档案网站建设、档案管理软件开发应用、校友档案服务等方面，重在相互学习、相互启发、深度探索档案信息资源开发和提供利用服务的新技术、新方式、新领域。

第三，其他领域档案工作情况沟通。除上述两类交流内容外，四川省高等学校档案机构在校际交流中，还广泛涉及高校档案人才培养与队伍建设、高校珍贵档案文献保护技术的创新、校史馆建设、对档案外包服务的常规管理、高校档案库房标准化建设，以及档案馆、校史馆建设爱国主义教育基地的创新理念、先进技术以及管理经验等。

四川省高等学校档案机构校际交流的形式主要有以下几种：

一是相互到校走访调研。2014年，电子科技大学档案馆组织校内专兼职档案工作人员先后到中国矿业大学（徐州）、华东师范大学、东华大学、上海海洋大学等高校，就校志编纂、校史研究、史料编研等内容，开展了广泛而深入地访谈、调研与经验交流和相互学习。2016年，电子科技大学档案馆组织档案工作人员先后到西南财经大学、西南交通大学等高校，就高校教学档案的归档问题开展了专题调研。同年，电子科技大学档案馆还先后接待了上海大学、上海交通大学、西安电子科技大学等高校的档案工作人员来校参观、访问、交流。

二是多种形式开展档案业务培训。如四川旅游学院采取请进来的方式，邀请南京大学的软件工程师来川为学院专兼职档案工作人员培训"南大之星"档案管理软件的普通运用与功能挖掘。

三是参加学术会议及组织业务交流活动。在档案学术会议和行业活动方面，四川大学档案馆（校史办公室）积极主动地通过多个协会组织和平台组织加强与各高校的交流合作，建立了四川省高等学校档案工作协会与重庆高等教育学会高校档案研究专业委员会的定期交流机制；牵头成立了包括四川、重庆、云南、广西和海南等省份在内的西南地区高校档案工作联盟，并定期开展档案工作会议；同时，力推四川大学校史研究成果走出川大，举办了《张澜与四川大学》一书的出版座谈会暨四川大学赠书南充市图书馆的活动、《四川尊经书院举贡题名碑》新闻发布会、四川大学校友邓绍昌校史资料广安寻访活动、辛亥革命元勋张培爵铜像暨纪念馆开馆仪式、河北省定兴中学四川大学优生源基地授牌暨赠书仪式等。

第二节　档案信息资源共享

除了围绕高校档案工作各领域广泛开展校际互访调研、学习交流等形式外，四川省各高校档案机构还开展了多种形式的校际档案信息资源共享活动，如档案捐赠、校史编研、档案展览、档案业务合作等。

一、档案信息资源共享内容丰富

据调查，各校提供校际档案信息资源共享的内容主要有以下几类：

一是名人档案。如四川音乐学院的前身为"四川省立戏剧音乐实验学校"，是熊佛西于1939年3月创办；1945年后，熊佛西到上海，担任"上海戏剧学校"校长，该校为上海音乐学院前身。四川音乐学院与上海音乐学院通过开展校际档案信息资源共享活动，使涉及熊佛西的历史档案在两校共存，使两校的名人档案资源都得以充实完善。

二是档案编研成果。如四川音乐学院在2008年对学校各类档案工作的规章制度进行汇编，2008—2015年，西华大学、绵阳师范学院等来校交流时，赠予其制度汇编作参考。2015年汇编的29本编研成果也被其他高校档案馆索取收藏。

三是学生档案。如西南交通大学档案馆与西安交大、上海交大等高校档案馆开展校际档案信息资源共享合作，通过复印、数码照片等方式，交换了学校30年代的校友学籍档案。

四是历史档案。如四川农业大学在110周年校庆时，先后到四川大学图书馆和档案馆、四川省图书馆查找清末民初直至建国初期的相关档案，最终厘清了四川农业大学建校之初的校名、级别和建校始末等。

五是上级机关下发的文件。一些因时间久远而散失，以及由于各种原因没有归档保存的重要的上级来文；也通过校际档案信息资源共享利用。如西南石油大学与同行石油高校的档案机构针对石油部早期印发的文件，实现了部分档案信息资源共享。还有一些高校通过到其他高校去复制早期国家部委下发的涉及高校档案人员补贴文件的方式，完善档案馆（室）资源。

二、档案信息资源共享形式多样

高校档案信息资源共享方式主要有上门查档、复制件共享、传真共享、网络共享（以电子邮件为主）、展览共享等。如中国民航飞行学院在 2017 年 "6·9" 国际档案日，与中国民航大学合作，举办了 "两校记忆——档案图片展"，取得圆满成功，获得民航业界的一致好评。成都工业学院始终坚持开展档案信息资源共享活动，先后与省档案馆、上海市博物馆、电子科技大学、西华大学等单位进行档案捐赠等资源共享和合作。成都纺织高等专科学校为配合学校的专升本考试与录取，于 2016 年 10 月与四川理工学院档案馆开展合作，重点衔接两校的同一类档案业务工作。成都纺织高等专科学校根据高端技能性本科学生培养特点，负责该校该类学生的学业档案收集和准备，由四川理工学院档案机构负责高端技能性本科学生档案的转递工作，确保服装工程、材料工程等专业的高端技能性本科学生档案管理工作有条不紊。

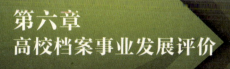

第六章
高校档案事业发展评价

第一节 高校档案事业发展主要成绩

一、高校档案事业发展环境更加优化

《高等学校档案管理办法》（教育部、国家档案局令第 27 号）发布实施以来，四川省高等学校档案工作环境不断优化，这源于国家对高校档案工作的高度重视，以及四川省教育厅、省档案局的大力推动与指导。

推进高校档案工作规范化管理。四川省教育厅、省档案局联合印发《关于认真学习贯彻落实〈关于进一步加强和改进新形势下档案工作的实施意见〉的通知》，修订《四川省〈高等学校档案管理办法〉实施细则》，制定《四川省高等学校档案工作规范化管理标准》，省档案局首次举办全省高校档案馆（室）负责人培训班、档案工作业务培训班，先后在西南石油大学和西华大学举办全省高校档案规范化管理现场观摩会和推进会，推动全省高校档案工作规范化管理水平不断提升。"十二五"以来，全省共有 32 所高校通过省档案工作规范化管理认定，有效发挥了示范带动作用。

加强高校档案文化建设。四川省档案局先后举办档案文化建设主题活动、档案文化建设征文比赛、档案文化建设论坛、"档案与人生""走进档案"系列活动、高校发展成就专题展、档案业务知识竞赛等，编印《高校档案与文化建设——2013 年四川省高等学校档案文化建设论文集》《新成果·新探索·新发展——四川省高等学校档案文化建设主题活动侧记》《学苑·记忆——2017 年全省高等学校档案宣传工作掠影》，出版《档案见证·高校篇》；省高校档案工作协会先后承办全国高校档案科学发展论坛、川渝高校档案学术研讨会，高校档案文化建设成果丰硕。

强化高校档案工作行政执法检查。"十二五"期间，四川省档案局多次对高校贯彻执行《中华人民共和国档案法》《中华人民共和国档案法实施办法》《四川省〈中华人民共和国档案法〉实施办法》及《高等学校档案管理办法》《四川省〈高等学校档案管理办法〉实施细则（试行）》

等法律法规和规范性文件的情况进行检查，对各高校依法加强对档案工作的组织领导、档案工作条件保障、档案规范化管理、档案实体和信息安全管理等情况进行重点检查，不断推进高校档案工作法治化。

二、高校档案资源更加丰富

四川省各高校的档案收集归档工作开展规范、扎实稳健、力度较大。各高校均能遵循《四川省＜高等学校档案管理办法＞实施细则》所规定的档案类别，制定各自的实施细则，编制《文件材料归档范围和档案保管期限表》，严格规定各类档案的移交范围与归档时间。绝大多数高校推行二级机构立卷制度，针对档案收集的薄弱环节，对校内各部门、各院系兼职档案人员进行业务培训和实时指导，保证档案收集工作顺利开展，提高档案的归档率、完整率和合格率。

面对档案利用需求的变化，各高校在保证传统纸质档案应收尽收外，进一步加强了对光盘、录音、录像、照片、实物等特殊载体档案和校史资料等特色档案，以及学校开展的重大活动、重要会议、重点工程等重要档案的征收力度。多数高校在收集工作中加强前端控制、全程参与，档案机构提前介入到文件材料的形成、运行等前期环节中，从质量、内容和载体等方面极大地丰富和优化了馆（室）藏档案资源。图6-1至图6-3为照片资料，图6-4至图6-5为实物载体。

图6-1　四川音乐学院档案记录学校历史变迁1：
四川省立戏剧音乐实验学校（学校诞生地——郫都区吉祥寺）

图 6-2 四川音乐学院档案记录学校历史变迁 2：四川省立艺术专科学校

图 6-3 四川音乐学院档案记录学校历史变迁 3：西南音专

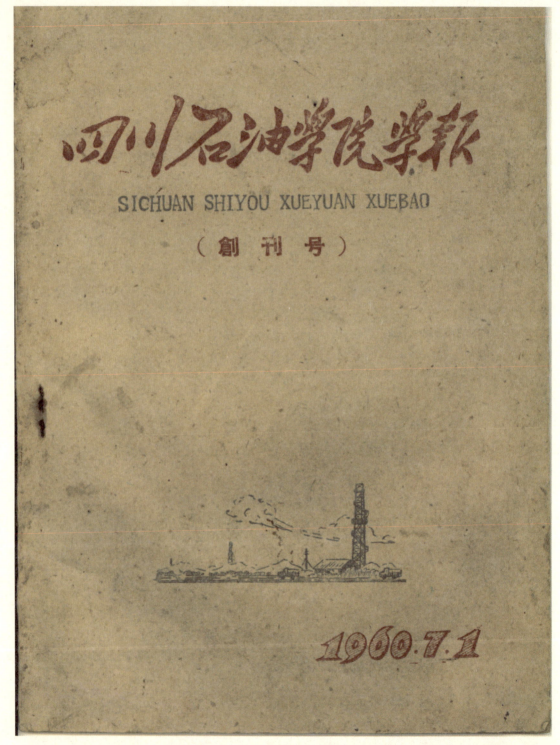

图 6-4　四川石油学院学报创刊号封面

图6-5 四川石油学院第一张校报

三、业务工作和整理质量更加规范

面对门类繁多、内容庞杂、数量浩大的高校档案，四川各高校狠抓档案整理质量，严格遵循《高等学校档案实体分类法》《高等学校档案归档范围及保管期限表》《四川省〈高等学校档案管理办法〉实施细则》等行业标准与地方标准，同时根据各校在工作中形成的各有侧重的档案内容与实际状况，制定各类档案整理标准与操作规范，推行标准化流程，确保档案整理工作的质量。不少高校还将二级机构的档案整理工作与质量纳入业务考核目标任务中，常抓不懈，促进各高校档案整理工作水平不断提升。

四川省各高校在加大每年应归档文件材料的整理工作力度的同时，抽调人力，统筹安排必要的经费与物资，对多年来积存的历史遗留档案进行整理。如成都工业学院完成馆藏1913年至1990年各类档案的清理、装订、分类、组卷、案卷题名题写、档案号编制、档案装具更换等工作。成都文理学院档案机构工作人员针对个别档案多、积存严重、整理滞后的二级机构，主动上门指导兼职档案人员对积压的档案开展立卷归档工作。

四川省部分高校的档案机构，在原有档案整理工作的基础上，积极探索整理方法，根据档案实际，对分类体系中不太合理的地方进行改进，创制档案整理工具模板。如西南财经大学天府学院档案室，面对归档文件材料中数字档案资源日益增长的现状，对《高等学校档案实体分类法》中声像载体档案的分类体系进行大胆改进，增设声像二级类目，如行政、党群、教学、科研等，取得了良好效果。该校档案室还根据学校在办学模式方面的改变，积极探索，设置了教学过程文件材料通用管理模板，实现了三校区学生学习成绩、学籍信息等资源共享与对接，保障文件归档内容完整、准确、系统，以及档案资源的集中统一管理和高效利用。

四、档案安全体系建设更加坚实

四川省各高校在狠抓档案资源体系建设的同时，十分重视档案安全体系的建设，在强有力的制度、机制保障下，近年来没有发生过档案安全事故和档案信息泄密事件。

为严格落实档案工作"三个体系"和"三大战略"中有关档案安全的部署和要求，省内各高校把档案安全作为档案工作的出发点和落脚点，对安全问题"零容忍"，对安全责任"一票否决"。各高校不断探索人防、物防、技防"三防一体"的档案安全防护体系，认真贯彻落实档案安全的各项规章制度，将档案安全工作纳入档案馆（室）负责人和相关人员岗位职责，提高全体档案工作人员的安全意识，制定符合本校实际的档案安全应急预案，加强档案数字化外包安全工作，确保档案实体和信息的绝对安全。

五、档案利用服务更加优质

"十二五"以来，四川省各高校档案机构在档案利用服务方面，牢固树立主动服务、创新服务理念，积极探索新方式，增加新内容，深度挖掘馆（室）藏档案信息资源，为全体师生员工提供更加便捷、高效、优质的档案利用服务。

省内各高校档案机构普遍发挥档案人员在档案利用服务中的主体作用，不断增强服务意识，提高档案人员的专业素养和综合素质水平，推行主动服务、上门服务。例如，成都理工大学积极推行服务公开、首问责任、限时办结、工作联系、工作督办、假期集中服务等创新举措；实行开放服务、亮牌服务，实现了面向全校二级机构的业务咨询接待、归档交接指导、整理入库上架等一条龙服务；面向全校师生员工提供一站式服务，有效地提高了档案机构的服务质量和服务效率，受到了广大师生员工的一致好评。

多数高校档案机构在积极开展档案服务方面，推出了内容丰富、特色鲜明的档案展览和档案编研成果。例如，西南交通大学档案馆积极联系国家档案局（馆）、中国第一历史档案馆以及铁路总公司档案史志中心等相关单位，广泛搜集校史史料，组织编写校史，理清学校历史上的存疑问题，于 2016 年 5 月，出版了《西南交通大学校史》（五卷本），考证澄清了以前语焉不详的事件或人物，填补了学校发展历史中的缺失记录，继承和发扬了以校史彰显学校文化底蕴的优良传统。四川文化产业职业学院自 2015 年以来，利用"6·9 国际档案日"契机，举办系列档案知识讲座，以室藏档案为主体，制作宣传展板、横幅，举办档案知识沙龙活动等，大力宣传档案"存凭、留史、资政、育人"功能，发挥档案工作"记录历史、传承文明、服务社会、造福人民"的独特作用。成都航空职业技术学院根据室藏档案资源，编印各类宣传画册，举办老照片展。

四川各高校在已有的档案服务方式及内容的基础上，加快高校档案服务校园文化建设步伐，服务高校建设与发展。近年来，四川大学档案馆在档案文化建设方面取得了较多的成果：编制出版了《四川大学档案管理服务手册》（见图6-6）；建立了四川大学历史档案信息发布系统（见图6-7）；编辑出版了《四川大学校长传略》《川大记忆：校史文献选辑》等系列校史文献；在《四川大学报》上长期开设"人文川大"专栏；举办《院士专题展》《抗战中的四川大学》《辛亥川大》等专题展览；利用大量珍贵的老照片（见图6-8、图6-9），开展"校史文化走出校园"系列活动；

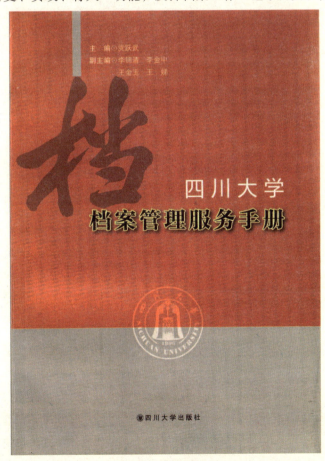

图 6-6 四川大学档案管理服务手册

支持学生成立四川大学校史文化协会，举办朱德、张澜、任鸿隽、巴金等著名校友诞辰纪念活动；实施"四川大学优教师教案手稿采集示范工程"；完成川大江安校区英烈碑建设和望江校区烈士纪念碑亭维修等工作。2016年2月，教育部网站以《四川大学传承创新校史文化》为题报道了四川大学档案文化建设成果。

图 6-7　四川大学历史档案信息网络发布系统

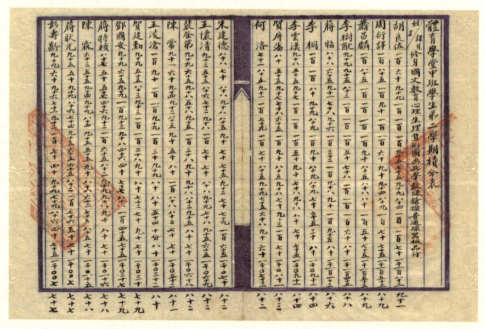

图 6-8　朱德在校学习成绩单

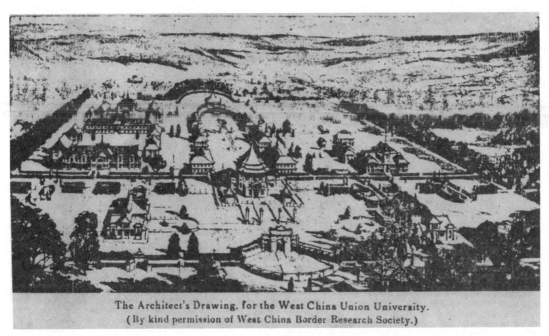

The Architect's Drawing, for the West China Union University.
(By kind permission of West China Border Research Society.)

图 6-9 1912 年华西协合大学规划设计图

六、档案信息化建设有序推进

近年来，四川各高校档案机构普遍制定档案信息化建设规划，加快馆（室）藏纸质档案数字化进程，采用适合本校实际的档案信息管理系统，推进特色数据库和档案网站建设。

在馆（室）藏纸质档案数字化建设方面，大部分高校做出了积极实践。如四川农业大学通过数字化外包，分期分批对历史档案进行数字化加工，逐步完成重要历史纸质档案数字化，目前已建案卷级机读目录 42 439 条，文件级机读目录 266 416 条，全文扫描存储 16 312 卷，占其馆藏总量的 38%。四川师范大学馆藏档案数字化工作取得阶段性成果，截至 2016 年年底，已完成第一期历史档案的数字化工作，以及第二期和第三期利用率较高的教学类档案的数字化工作。四川文理学院实施"数字化带动战略"，制定了《四川文理学院档案数字化建设实施方案》，逐年开展和推进档案馆藏数字化工作。

近年来，四川省越来越多的高校档案机构购置或开发了符合本校档案工作实际的档案管理系统。四川师范大学于 2014 年底以档案服务、编研和共享为目的，开发和正式上线"狮山兰台"档案管理系统，解决了大容量档案的保管和利用难题，同时建立了多个不同类型的档案资源发布和利用系统（档案信息资源专题网站）。

四川大学开发"兰台川大"档案管理信息系统，在学校档案馆会议室、档案馆门厅、校史展览馆门厅等处建设数字化档案信息资源展示系统和数字档案查询系统，还分批次建设"华西教会新闻资源数据库""校史音视频资源库""四川大学优秀教案手稿库"等多个高质量数据库，实现了档案信息化、自动化、数字化工作的不断跨越。

七、档案文化建设不断发展和提升

（一）以协会活动为平台，推动档案文化协作与交流

四川省高等学校档案工作协会是由高校档案工作者组成的学术性群众团体，以协会活动为平台，积极开展高校档案工作学术研究、学术交流活动，对四川省高等学校档案事业的改革与发展起到积极的促进作用。

在档案经验与学术交流活动方面，四川省高等学校档案工作协会在四川省档案局指导下，协助开展了每年一度的"国际档案日"系列活动；承办了四川省档案局和四川省教育厅主办的"四川省高等学校档案文化建设论坛"、全省高校档案业务知识竞赛等活动；与四川省文献影像技术协会联合开展声像档案学术交流活动。

在档案学术研究方面，四川省高等学校档案工作协会积极组织四川大学以及其他高校专兼职档案工作人员，完成每年四川省高等学校档案工作协会档案管理科研课题的申报、结题验收等工作；编辑《天府文讯——四川省高等学校档案工作协会工作简报》。

在探索高校档案管理协作新方式方面，四川省高等学校档案工作协会与重庆市高等教育学会高校档案研究专业委员会、云南省高等教育学会档案工作分会、贵州省省直高校档案工作协作组和广西壮族自治区高校档案工作协作组，共同发起成立了中国高校档案工作领域乃至全国档案系统第一个跨区域管理联盟组织——西南地区高校档案工作联盟。四川省高等学校档案工作协会在这一联盟中积极发挥带头作用，探索档案协作的新形式，挖掘档案工作更大潜能，使跨区域档案学术研究、交流合作具有更强的生命力和更大的吸引力。

（二）以基地建设为亮点，打造档案文化建设新品牌

高校档案作为记录高校文化的载体，反映了高校特有的精神风貌与传统特色，高校档案信息资源应用得当，有助于营造一个浓郁的、高层次的高校文化氛围，对在校师生的情操、思想意识、人生观、价值观等都将产生积极向上的作用。四川省各高校档案机构花大力气、下真功夫，加强基地建设，凸显本校档案机构的文化特色，推进传统档案展览部门向校史文化建设中心转变。

2009年，西南石油大学校史馆获四川省高等学校校园文化建设优秀奖；2016年，荣获全省档案馆爱国主义教育基地建设先进单位。2013年，四川大学档案馆主导建设的"大学精神与大学文化教育社科普及基地"被四川省委宣传部和四川省社会科学界联合会认定为"四川省哲学社会科学普及基地"（见图6-10）。这类基地的建设，反映了四川高校档案机构打造档案文化建设优质品牌的探索与尝试。

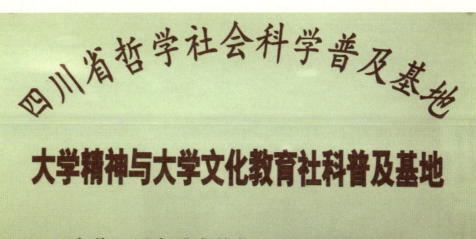

图 6-10 四川大学"大学精神与大学文化教育社科普及基地"

（三）以课程建设为抓手，探索档案文化建设新领域

四川省各高校档案机构将档案文化融入校园文化建设中，利用档案资源，积极参与各类文化活动。同时，根据校园文化建设的需要，创新档案文化方式与载体，不断探索档案文化建设新领域。

四川大学校史展览馆（见图 6-11）开设了全校公选课《四川大学校史文化》，通过课程教学活动，指导学术性社团"四川大学学生校史文化协会"开展校史的探索活动；举办面向全校学生的校史知识竞赛等活动；带领大学生开展向校友、红军将领刘伯坚烈士家乡巴中市平昌县赠书活动和向老校长张澜的家乡——南充市图书馆赠送编研成果。

图 6-11 四川大学校史展览馆

省内其他高校也针对在校学生，挖掘档案资源，开展一系列档案编研工作，以"史"明志，以"史"育人。西南交通大学以校史为主题，支持学生开展校史类文化教育活动120余次。西南财经大学于2012年开展学校年鉴的编撰、内部发行工作，每年编纂一册，有效记录学校历史，发放给在校学生，人手一册，对学生进行引导，增强师生员工的荣誉感、责任感、使命感。

第二节　高校档案事业发展的主要经验

一、坚持围绕中心服务大局是高校档案事业发展的根本目的

四川省各高校档案机构及档案工作者始终坚持以邓小平理论、"三个代表"重要思想、科学发展观、习近平新时代中国特色社会主义思想为引领，以中央和国务院关于统筹推进建设世界一流大学和一流学科的战略决策为指引，全面落实中共中央办公厅、国务院办公厅《关于加强和改进新形势下档案工作的意见》，认真分析高校档案工作中不符合时代发展的思想观念及体制束缚，通过加强学习能力建设、管理能力建设、服务能力建设和发展能力建设，做到"四个贯穿始终"和"三个紧密结合"，将党和国家的新要求、高校改革发展的新目标、师生和校友的新需求，真正体现在档案管理和档案信息开发工作的新思路、新举措和新成果上，不忘初心，砥砺前行，在提高思想认识、更新工作观念、转变工作思路等方面取得了显著成果，促进高校档案事业又好又快发展。

二、积极争取各方支持配合是高校档案事业发展的有效路径

按照《中华人民共和国档案法》的规定，整个国家的档案事业由国家档案行政管理部门主管。高校档案工作是国家档案事业的组成部分，应与国家档案事业同步发展。四川省档案局领导高度重视高校档案工作，多次到各高校开展政策与业务的指导，针对四川省各高校档案事业发展中存在的问题，组织各类会议、培训等，探索解决问题的方案与措施，帮助各高校提高档案工作标准化、规范化、信息化水平，推动高校档案事业健康发展。

争取高校校级领导的重视与支持是高校档案事业快速发展的经验之一。各高校档案机构在日常工作中主动向学校分管领导汇报，争取主要领导重视，给予档案工作人财物的大力支持。省内大多数高校建立了校级档案工作领导小组，一般由学校校长担任组长，将档案工作纳入学校整体发展规划，列入工作考核检查的内容，建立健全与办学规模相适应的高校档案机构，落实人员编制、档案库房、发展档案事业所需设备以及经费等。例如，大多数学校领导均会要求档案机构介入学校开展的重大规划和重大建设项目的整个过程，收集项目建设全过程及各关键环节的档案资料；将档案工作的开展情况纳入学校各二级机构年终工作考评指标体系中；随着馆（室）藏档案数量的增加，增加档案馆（室）专职工作人员的编制等。

各高校档案机构除积极争取各级领导支持外，还大力开展校际互助合作交流，以利于资

源互通、经验共享，共同推动档案事业的发展。高校间的相互支持主要体现在如下几个方面：一是经验共享，各高校采用馆际互访的方式，积极前往优秀高校档案机构进行实地调研，共享档案管理方面的经验及最新的资讯。各高校档案机构之间就高校档案立卷、实物档案收集、学生档案收集保管与转递、档案编研、校史馆建设与档案馆的关系等问题进行了深入研究与探讨，形成了良好的交流氛围，对提高各高校档案工作水平起到了极大的推动作用。例如四川理工学院先后组织专职档案工作人员多次到四川大学、西南交通大学、电子科技大学、西南石油大学、西华大学、西南财经大学等省内十余所高校交流学习，并接待四川大学、西南石油大学、西南财经大学等十余所高校档案馆人员到访，为四川理工学院档案管理工作带来了极大的便利和借鉴。二是校际合作，主要是校际馆（室）藏资源的合作。例如西华师范大学和四川师范大学两校发展史上有共同的历史，两校馆藏有一定的互补性，两校于2015年签订"两校三地"寻根之旅校校合作协议，以完善两校共有历史时期的档案资源。

三、建立健全工作机制是高校档案事业发展的重要保障

档案工作机制建设是一个系统工程，需要各种档案管理制度相互联系、协调配合，实现制度功能的整合。四川省各高校档案机构始终坚持建设档案管理机制的整体性、协调性与科学性，建立和完善了档案工作规章、档案管理制度、档案业务规范，保证了档案工作有章可循，使档案工作机制体系更加完善、运行程序更加规范，使高校档案事业的发展有了重要的制度保障。各高校档案机构在档案工作机制的建设和完善中，特别注重档案制度的适用性，普遍结合本校档案工作实际，适时修订档案规章制度并对国家相关档案制度与规范进行细化，突出档案制度与规范的针对性，确保了制度与规范的可操作。同时也非常注重档案制度的执行和落实，加强档案管理制度的宣传教育，让专、兼职档案工作人员熟知相关制度，采取定期检查和不定期检查相结合的方式，对校内各二级机构在档案收集、整理、归档等环节的规范化操作进行检查，推进了各项档案管理制度的顺利实施。

第三节　高校档案事业发展存在的主要问题

一、档案资源建设有待进一步加强

调查显示，年平均约77所高校开展了党群、行政、教学档案的收集工作，占比为90%；年平均约59所高校开展科学研究档案、财会档案、基建档案的收集工作，占比为65%~68%；年平均约48所高校开展仪器设备档案、出版档案、外事档案的收集工作，占比为56%；年平均42所高校开展学生档案整理工作，占比为49%；年平均9所高校开展产品生产与科技开发档案整理工作，占比为10%。这些数据，说明我省高校档案资源建设还有很大的发展空间。

各高校应采取有效的控制措施,从源头抓起,将文件材料收集归档工作纳入各单位、各部门工作计划,纳入有关人员的职责考核范围;将各种门类、各种载体有保存价值的文件材料应归尽归、应收尽收、应管尽管;将重要人物、重大活动、重大事件、重要会议、重大科研项目、重要工作内容的文件材料纳入归档范围,逐步建立门类齐全、内容丰富、管理科学的档案资源体系,特别要加强基建档案的收集,将基建档案工作列入重要议事日程,纳入基建项目管理内容,确保基建档案收集齐全、归档及时。

二、档案服务效能有待进一步优化

调查显示,全省仅有20所高校建有档案网站,部分高校档案机构将档案查询链接放在高校图书馆页面下,而已建立起的高校档案网站仅提供了档案机构信息、档案工作信息、档案资源信息等,利用效率较低。如某些高校档案网站上显示有档案制度与标准,但点击进入后无文件;信息更新较滞后,有的最新一条信息还停留在一两年前;提供档案在线展览、在线查档等档案业务方面的服务较少,用户查找利用数字档案资源,仍然要到档案馆(室);开设档案微博、微信公众号等社交媒体的高校更是凤毛麟角,校内各方利用者与高校档案机构之间的联系还停留在电子邮件、打电话、现场咨询等传统的方式上,导致回复效率较低、交流反馈渠道单一。

随着信息技术的不断发展,新型的档案服务手段层出不穷,如东部地区的大型企业与事业机构,已将最新的信息技术成果应用于档案利用服务的方方面面,高校其他工作领域的信息化水平与应用程度也较高。四川省高等学校档案机构应紧跟信息时代的步伐,积极运用多种新型的档案利用服务方式,不断优化和提高档案利用服务能力及水平。

三、信息化建设有待进一步推进

据调查,我省相当一部分高校档案信息化建设速度缓慢,多数高校电子文件的归档数量与纸质档案的归档数量相比,比例很低,有的占比仅为5%;占比相对较高的高校也只有12%;更有极少数高校尚未开展电子文件的归档工作。从种类的齐全程度来看,诸如照片、影像视频、校级发文、毕业生合影、科研奖证类等种类的电子文件归档率较高,外部来文、非正式发文等电子文件的归档率较低。亦有部分高校仅将数码照片归档,其余的各类电子文件作为资料保存,并未将其视为可能应归档的电子文件。开展档案数字化的高校较少。少数高校馆(室)藏档案的数字化仍停留在案卷级、文件级目录上,档案全文数字化工作进展缓慢。已经建立的数据库,多数还在使用单机版数据库或以档案目录形式上网,没有开放网络版数据库和数字化全文。

各高校档案机构应积极争取学校支持,将档案信息化纳入学校信息化建设总体规划,积极稳妥地推进档案信息化建设,坚持增量电子化、陈量数字化的原则,不断丰富馆藏数字资源、优化档案信息管理系统,使档案信息管理系统成为学校的数字信息中心,成为数字校园建设的枢纽。

四、档案安全体系建设有待进一步加强

调查显示，档案实体安全保管的软硬件设施设备不够完备。虽然各高校档案机构普遍购置了空调机（包括中央空调）、去湿机、防磁保密柜和消防警报系统等硬件设备，但较少购置智能温湿度控制仪、视频监控系统、温湿度调控系统、摄像机等更先进的档案安全保管设备。另一方面，只有一所省内高校开展了馆（室）藏历史档案的抢救与保护工作。然而追溯一些成立时间较早的高校以及发生了多次合并的高校历史，其历史沿革梳理中清晰反映出了这些高校档案机构中存有一定数量的历史档案。有历史档案而未开展相应的抢救与保护工作，馆（室）藏历史档案的抢救与保护严重滞后，虽然部分高校对历史档案进行了编研，但是历史档案由于存在时间长，纸张易破碎，必要的抢救和保护工作应当及时跟进。

各高校档案机构应根据档案保管保护情况，向学校提出保管保护需求，争取经费支持，购置安全保管所需设施设备。加强安全保管措施，建立"人防、物防、技防"为一体的档案安全体系。同时，加强历史档案的抢救和保护，确保珍贵档案资源妥善保管。

五、档案工作人员配备有待进一步加强

调查显示，四川省各高校的档案工作人员处于专职人员和兼职人员并存的状况，部分高职、高专院校和二级学院甚至没有设档案专职人员，而由办公室文员兼任。从学历来看，具有大专学历的占12.2%，具有高中学历的占0.2%，具有初中学历的占0.4%。从职称情况来看，大多数为馆员，具有助理馆员与管理员职称的分别占15%、12%，只有4%的人拥有副研究馆员及以上的职称。

因此，高校档案工作人员队伍的专业素养还有待提高，一方面需要积极争取学校领导的重视和支持，为档案机构引进更多的人才；另一方面应加强档案工作人员的在职培训，不断提高他们的专业素养，建设一支政治过硬、业务过硬的档案专业人才队伍。

第七章
高校档案事业发展趋势展望与探索

第一节　高校档案事业发展科学化

一、管理理念创新

由于政治、经济、文化等多方面的历史及现实因素影响，在高校传统的纸质档案管理模式下，档案的机密性被不断强化，在实践中体现为高校档案机构对档案"重藏轻用"，较忽视普通利用者的需要。

随着信息时代的到来，高校内从上到下对学校各类档案信息的需求开始激增，信息化技术向档案领域持续渗透，档案信息化建设得以不断推进。在这种大的时代背景下，高校传统的纸质档案管理理念过于局限，将无法指引高校档案机构的行动目标和发展方向。因此，要进行四川省高校档案管理体制机制的创新，首先就需要进行管理理念的创新。即在四川省高校档案工作中应坚持"以人为本"的档案管理思想。这里的人，不只是专兼职档案工作者，还包括档案利用者。高校档案工作的人本化，就意味着要在整个档案管理活动中一切从人出发，通过充分调动人的主观能动性，重视人的需要，达到最终服务人、发展人的目的。

二、管理职能拓展

目前，四川省高校档案机构多数并非是独立建制，而是挂靠在高校的党政办公室或者校长办公室下，其职能主要是管理学校行政管理中产生的公务文书。多数高校仍将人事档案、财务档案、科研档案、学籍档案等专门档案归于各业务部门内部管理或分散保存，高校档案机构对其的管理与利用不具有决策权。

　　档案机构的改革创新对于高校档案事业发展具有决定性意义。高校档案机构应当重新审视自己的地位、职能及作用，推出创新举措，争取独立建制，争取成为高校档案管理的专门职能机构，独立处理涉及高校各类档案管理的全部事务。这样做的好处是：一方面，可以确保以人为本的档案管理理念的落实和创新；另一方面，有利于对高校各种门类和载体档案实现集中统一管理，有效协调和推动高校档案业务工作的开展和档案事业的进步。

三、运行机制增效

　　高校档案事业需要一个多方力量和多个部门共同参与、共同努力的有效机制。

　　首先，各高校档案机构应建立在校长领导下，以档案机构为核心，各部门、院系、课题组、项目组等专兼职档案人员为基础的高校档案工作体系，确保机构及人员岗位职责明晰，彼此密切配合，形成工作合力，共同促进高校档案工作的有序开展。

　　其次，各高校档案机构应建立完善文件材料归档及档案保管、鉴定、统计、利用、保密和电子档案管理、档案管理系统操作、档案管理应急预案、重大活动档案管理等规章制度，促进高校档案工作规范化管理。

四、文化建设水平提升

　　高校档案是高校发展历程的真实记录，其中凝结了高校发展过程中形成的独特价值观，与校园文化建设密不可分。高校档案工作要走创新发展之路，档案文化建设的创新是方向之一。

　　档案文化建设创新需要从两方面着手：一是着重挖掘高校档案中蕴藏的文化价值；二是结合高校特色档案，尤其是校史档案，挖掘各高校独特的校园文化。档案管理水平的高低会直接影响高校档案编研工作的顺利开展，因此如何通过提升档案管理的方式方法，从不同的角度挖掘档案信息资源中蕴含的文化价值与文化财富，为校园文化添砖加瓦，从而达到高校档案文化建设的创新，成为新时期高校档案工作面临的机遇和挑战。

五、管理手段科学

　　要想实现高校档案事业的长足发展，创新高校档案管理手段，广泛运用现代信息技术及设备成为一种必然趋势。逐步实现档案数字化、信息化管理，不断提高档案工作效率和服务质量，是适应新时代多元化档案事业发展的需要。

　　从档案管理现代化趋势及档案本身的内在规律来看，档案管理系统不能是孤立的存在，各个档案管理子系统之间，档案管理系统与其他文献管理、信息管理系统之间有着千丝万缕的联系，并正在向集成化、网络化方向发展。高校档案机构应及时利用各类档案管理与信息汇集分析软件，扩大对档案数字信息的发掘、整理、组织以及利用，可设计一个多功能并具有吸引力的网站来指导用户直接使用各种网上档案信息资源。

第二节　高校档案管理技术智能化

一、档案实体管理技术更加标准化与智能化

随着相关技术的发展，档案界对档案实体制成材料及档案保存环境的研究更加深入，我国制定了大量的文件标准，内容涵盖档案用纸、档案字迹耐久性测试、档案建筑、档案装具及档案有害生物防治等方面。这些标准不仅保障了四川省各高校档案实体安全的日常规范化管理，也为各高校在面临档案库房面积不足、新建档案库房安全等问题时提供了可行的措施及建议。

此外，档案库房一体化智能管理系统纷纷出现，并不断完善。这种管理系统将档案库房环境智能化、档案密集架智能化、档案资料管理智能化融合在一起，通过中控系统实现对高校档案库房、档案密集架、档案资料统一控制，具有先进的库房安全管理功能、智能化的档案实体管理功能等。物联网技术向档案库房管理领域的延伸，也为我们带来了档案库房智能化管理的新思路。

二、档案信息管理技术进一步多元化

在数字信息时代，电子文件和电子数据在各类信息管理系统中大量生成和使用，使各类信息系统成为高校运行中的重要信息载体平台。纸质档案的数字化转换和利用更为普遍，音像档案也日益成为高校档案资源的重要组成部分。面对高校档案管理信息化程度的提高，原本以手工操作为主的档案管理实践日渐被计算机软件、便捷的网络传输、成熟的信息技术取代，而且这一取代随技术更新日益加速。档案载体的多元转换，使得档案信息内容的安全与真实性面临新的挑战，电子文件的信息内容的泄露和篡改这类安全威胁会制约电子文件及数字档案凭证效用的发挥。档案管理技术的不断更新，给档案信息安全管理的方式和内容增添更多的有效手段，可以运用加密技术、信息认证技术、病毒防治工作、入侵检测技术和信息备份技术、区块链技术等多种技术手段来保障档案信息安全。

第三节　高校档案人员队伍专业化

一、从业队伍结构将逐步专业化

档案管理具有较强的专业性，较高专业水平的档案管理人员在从事档案管理工作时具备一定的先决优势。未来，高校档案管理人员队伍将更加专业化，这是因为：第一，从就业岗位上讲，由于档案工作具有较强的专业性，毕业于档案专业的大多数学生首选档案管理工作

作为自己的职业，因此，这类档案专业人员的职业稳定性较高。第二，专业出身的人员具备了扎实的理论基础，从事档案管理工作得心应手，无须做过多的岗前培训，节省了培训时间和培训费用。第三，档案专业人员兼备理论知识与实践能力，更容易对此项工作产生兴趣，从而积极投身档案管理工作，提高档案管理工作效率。因此，档案专业水平较高的档案管理人员在档案队伍中不可或缺。

近年来，由于四川省各高校开展"内培外引"的档案管理人才培养方式，各高校引进的档案管理工作人员管理大多都有硕士研究生学历，所以档案人才队伍中高学历人才逐步增多，数据显示，80%以上的专职档案工作人员的档案专业文化水平在大学本科以上，70%以上的兼职档案工作人员的档案专业文化水平在大学本科以上。可以预见的是，四川省高等学校的档案管理人员专业化趋势会更加明显，专业化水平也会更高。

二、人才培养将更加常态化

培养档案专业人才队伍是每个档案机构都尤为重视的事情。档案工作并非一成不变，更需要创新和与时俱进，档案人员应树立终身学习的观念。目前，四川省高等学校档案管理人员的培训形式主要包括校内集体培训、一对一培训以及校外培训等。

校内集体培训，即通过邀请校内外优秀档案管理人员以讲座、座谈、培训会等形式开展，旨在鼓励在职人员学习新技术、新知识，激发队伍活力。

校外培训，即通过多种渠道对外送培在职人员，参加各级档案学会、各类档案工作者协会和四川省档案局组织的各种专门档案与专题档案培训，以及选送档案工作人员到有档案专业的学校开展短期集中培训或者系统深造等方式，提高档案管理人员的创新能力和业务水平，旨在打造一支业务能力强、服务水平高的档案工作人员队伍。

近年来四川省各高校平均每年开展二次档案业务培训（见图7-1），通过校内、校外培训相结合，基本上实现了档案人才培养的常态化。

图7-1 四川省档案局经科处负责人授课（2016年9月28日）

三、问责奖惩将更加规范化

人才激励机制是提升档案工作人员积极性和创造性的必要保障,是确保高校档案事业可持续发展的关键。"十二五"以来,四川省98所高校中有78所相继建立了档案工作检查、考核制度。其中,对制度实施效果较为满意的高校76所,满意度高达97%,仅有2所高校的相关制度还有较大的改进空间;有65所高校建立了档案工作评估、奖励制度,其中对制度实施效果较为满意的高校共61所,满意度高达94%。由此可见,四川省高等学校档案工作人员管理问责奖惩制度在不断完善,实施效果较好。这对于保持高校档案管理人员队伍的稳定、满足档案管理人员精神与物质需求有极大的促进作用。

第四节　高校档案服务多元化

一、服务范围将更加社会化

经济和社会的发展使得档案的重要性不断凸显,各项工作都离不开档案,因此公民的档案利用诉求不断增强,档案服务不再特殊化,而是面向整个社会。档案服务社会化不仅仅来自现实的需要,还反映了档案事业发展的客观规律和基本发展趋势。

一方面,档案服务社会化为档案文化的社会宣传和社会教育搭建了桥梁,有助于构建档案文化观念,并促使其深入人心,促进档案文化发展;另一方面,档案服务社会化与现代档案管理"社会视角"的理念相契合。档案机构的工作理念已经有了很大的转变,从重管理轻服务到以服务为导向,从重视为机关、领导服务轻社会服务到重视为社会提供全方位的优质服务,档案服务社会化已倾向于为整个社会服务,积极与外界开展交流,实现档案事业健康发展。

高校档案服务社会化契合"开门办学"思想。以社会大众需求为导向,在提供档案服务的基础上努力提升服务的质量和效率,最大程度地满足社会大众的需要,同时适当引入第三方力量,开展全方位合作,形成以高校档案机构为主导、多方力量共同参与的档案服务机制。

做好高校档案服务社会化,一是要完善档案管理硬件设施,包括服务场所、管理和服务设备等方面,努力为社会利用者提供方便、快捷、安静的服务环境;二是要以人为本,根据利用情况对社会需求较大的档案类型进行深入分析研究,充分发挥馆(室)藏档案优势,加快馆(室)藏档案资源的数字化、信息化和利用网络化建设,确保档案资源整合工作的精确、合理、科学;三是要注意维权和保密。高校档案服务在面向社会的同时应注意保护知识产权,注意不侵犯个人隐私,如对已故人员档案信息的查询,应规范对个人开放范围和查阅程序等。高校档案如何为社会服务,其具体措施与规范有待于进一步研究、完善和改进。

二、服务手段将更加多样化

高校档案服务手段多样化,是指高校档案机构充分利用现代信息技术手段,依托本校馆

（室）藏档案及数字化成果，采用线上线下多种方式为各方利用者提供档案信息服务。推动"互联网＋档案"，构建基于信息技术的档案利用服务体系，利用信息技术带动档案管理工作转型升级，实现档案利用网络化与智能化。

例如，四川大学在馆藏历史档案数字化成果和相关数字档案资源的基础上，以档案服务、编研和共享为目的，开发了多个不同类型的档案资源展示利用和发布系统（档案信息资源专题网站），包括：以实体校史展览馆为蓝本的"网上校史展览馆"；以校史知识为基础的趣味"校史答题王"；依时间顺序，以事件、人物为主线从建校之初排列至今的"川大时间轴"；以华西早期新闻为主的"华西珍宝"；以校史文化资源为主的川大记忆；以及基于历史档案数字化成果展示检索利用的四川历史档案信息发布系统等。积极开发与发布档案馆（校史办公室）新版主页"文化川大"，突出"服务指南""服务热线""服务咨询"和"服务测评"等信息版块。建设包括档案馆会议室、档案馆门厅、校史展览馆门厅、校史展览馆等处的数字化档案信息资源展示系统和数字档案查询系统。在校史展览馆建设多媒体展示系统、视频点播系统和校史参观自助讲解系统等。针对校友对档案利用的需求，开发建设四川大学档案资源远程利用服务平台，实现档案对外利用服务手段的网络化。这些先行先试的探索，可视为未来高校档案利用服务工作的发展方向与趋势。

三、服务内容将更加知识化、集成化

档案知识服务是档案开放利用的一种重要方式，是指在信息技术和人工智能等技术支撑下，将知识管理理念引入到档案机构，对档案资源进行一系列加工处理后形成知识资源，可以根据用户的需求，针对不同问题提供私人订制的解决方案。

高校本是知识的生产源头之一，高校各类档案中的知识含量也极为丰富。高校档案机构开展档案知识服务，即以高校档案资源为基础，提供整合加工后的档案信息资源，具有明显优势。

信息化社会的一个重要特征是集成化，今后高校档案信息资源开发与提供利用的方式之一就是档案机构提供的信息是经过整合的信息，即集合多种信息表现形式形成专题库、特色库。如需要利用教学评估档案时，利用者可以寄希望于高校档案馆（室）能提供教学评估的所有专题信息，其中包括声音、图像等多媒体信息。不过，要真正满足集成化的档案利用需求，单靠某一所高校的档案信息资源已难以办到，未来必须加强四川高校档案馆的馆际合作、图情档一体化，才能优化档案信息资源配置，完善服务体系，真正做到多角度、全方位、系统地提供集成化的档案信息资源服务。

第五节 高校档案资源共享化

一、高校档案信息资源开发利用中的国际合作将逐步扩大

高校档案信息资源开发利用中合作与共享的国际化，是指高校档案信息资源开发利用过

程中，与国外高校进行一定范围内的经验共享、标准共享、资源共享。

据调研，四川省大多数高校档案机构在校级合作方面往往局限于省内高校之间，合作的内容大多为与本校建校早期相关的资料查询，在档案编研方面未进行深入合作。

2012 年，国际档案理事会第十七届国际档案大会通过了《档案利用原则》，其中规定，不论公共还是非公共的档案机构，都应积极进行档案开放利用，并保证档案利用工作的公正、平等和及时。国外高校不仅在本校档案信息资源开发利用方面有一定的实践基础，在馆际合作与共享方面也取得了一定的成效，这两个方面都是值得我们学习的。

近年来，英国各高校档案馆也开始尝试档案信息资源方面的跨馆合作与共享，通过整合多所高校档案资源，统一档案著录标准并建立特定的网站，实现了 150 多所高校档案资源的无障碍共享。英国高校档案馆除了与外校的档案馆之间建立共享合作，还与非高校的档案机构以及学校下属其他部门建立联结关系，例如剑桥大学档案馆的 Janus 项目就可以提供剑桥大学下属机构的档案目录一站式查询。英国高校档案馆在档案信息资源开发利用中的合作共享实现了档案信息资源的集中整合，为用户带去更好的体验，这给我们在进行高校档案资源开发、利用、合作与共享时提供了更多经验与启示。

需要注意的是，跨国高校档案信息资源在开发、利用与合作中的知识产权问题。由于国体、政体的不同，在这些国家，档案是一种属于某机构或某个体的财产，档案版权受相关法规政策的保护。以档案编研为例，档案编研成果的知识产权保护会涉及著作权、商业秘密权、专利权、信息网络传播权等诸多法律权益。跨国档案信息资源编研不仅要保证编研的整个流程（包括选题、选材、编辑和排版等）注意规避侵犯知识产权的法律风险，同时还要厘清待编研的档案是否存在著作权、公布权、商业秘密权、专利权等知识产权问题。

随着改革开放的深化，四川省各高校对外交流合作行为日益增多，如与国外团体或个人在教学研究、学术交流、科研合作、人才培养、友好往来等活动中形成了一批具有保存价值的档案材料。这部分档案不仅是高校对外合作与交流工作的真实记录，更是推进对外合作与交流工作改革和发展的重要依据，是跨国高校间档案资源开发利用的重要部分，需要科学管理。

此外，四川省各高校在建校以后形成的特色档案资源，可以寻求国外高校保存的具有相同主题的档案资源，开展跨国跨校档案展览与编研工作，不仅能有效补充双方高校档案资源，还有助于双方加深沟通，借鉴彼此档案工作经验，提高档案工作水平，带来更高质量的档案利用服务。

二、高校档案机构联盟之间的合作将进一步深化

随着计算机和网络技术的发展和应用，高校档案机构从内部工作方式到外部发展环境都发生了改变，任何一家高校档案馆都无法利用自己的收藏完全满足本校利用者的需要。因此，四川省高等学校档案信息资源的开发与利用，需要更加合理的计划、更加系统的组织、更加有效的控制，从而最大化地实现高校之间档案信息资源的共享与增值。因此，高校档案机构联盟之间的合作将进一步深化。

　　首先，档案信息作为信息的一种，要想成功地完成从原始的档案信息到具有参考凭证价值的信息资源，必须加强整合，实现从分散、单一的档案信息资源到门类齐全、聚合化的档案信息资源的转变。

　　其次，随着档案开发利用观念的深入推广，高校用户的档案意识增强，在利用档案信息过程中逐渐处于主动地位，能够结合自己的实际需求，自觉有效的获取利用档案信息。另外，高校档案用户利用信息资源的方式也发生了根本性的改变，高校用户信息素养的提高使其在获取、利用档案信息的过程中，更倾向于通过网络渠道，快速、便利、个性化的获取目标档案信息。

　　最后，高校档案信息化的迅速发展必然带来高校档案信息资源的整合与共享。国家档案局曾经在部署 2011 年工作时要求：以提高远程服务能力为突破口，变革档案提供利用方式，使用户能够在最近的地点、以最短的时间查阅到需要的档案信息。高校档案信息化能够将大量档案数据集中，实现数据的集中管理与共享，这与国家档案局工作部署的要求相贴合，在急速缩短时间、地点距离的同时为用户带来更快速、更高水平的档案信息服务。

　　高校档案机构联盟的根本目标与目的，就是实现档案信息资源的整合与共享，其核心业务是数据集中。档案信息化建设的进一步深化为高校档案机构联盟提供了新的机遇，而高校档案机构联盟的建立与发展亦是档案信息化的必然产物，彼此相辅相成，必将为档案信息化建设添上浓墨重彩的一笔。

　　四川高校档案界需要大胆创新高校档案工作方式，建立高校档案机构联盟，通过现代通信网络技术将具有共同目标与愿景的高校档案机构连接起来，各方遵循自愿平等的原则，遵从一定约束规则，实现校际档案资源的合作与共享。

　　在具体合作过程中，应该始终保持联盟和各成员馆（室）目标的一致性。高校档案机构联盟应以满足高校档案利用者以及社会各界人民群众的档案需求为导向，积极推动本校存量档案数字化、增量档案电子化，切实加强特色馆（室）藏档案资源的数字化建设，推动档案利用网络化进程。

　　尽管目前已有西南地区高校档案工作联盟，但在运行机制上还有待完善。高校档案机构联盟应在四川省档案局（馆）的指导下，由领导小组、专家技术委员会、利益协调小组和常设机构组成。领导小组负责联盟的方向性决策，包括联盟的总目标与阶段性目标的制定与实施。专家技术委员会负责规则、标准、规范的制定，确保联盟内各高校档案机构档案数字化进程与标准基本一致，形成有效的和可用的数据集成。专家技术委员在共享信息资源产权、安全保护等专业化行为方面也应及时制定出详细的标准，管控高校档案信息资源共享流程。利益协调小组负责制定联盟内利益分配办法，协调各方利益关系，形成利益分配合理、平衡的良好格局。

　　四川省高等学校档案机构联盟的合作突破口可以是共建共享特色档案数据库。各高校档案机构保存的各类档案不仅真实客观地记载了本校的发展历程，还反映了各校建校以来的历史特色。如果能将四川省各高校的特色馆（室）藏档案信息资源进行统筹开发，加强数字资源融合，共同建设特色档案信息资源专题数据库，那将是一种极具意义的档案信息资源开发模式。

　　四川省高等学校档案机构联盟可以在领导小组的统一安排部署下，根据各高校档案馆（室）藏特点，有针对性、有计划地进行特色馆（室）藏档案信息资源开发，吸收各高校馆（室）

藏中的相关部分，建立校际联合的特色专题数据库，供广大社会民众查阅、学习和休闲阅读；可以利用现在人性化的、友好的网上场景式服务方式，宣传高校联合特色档案信息资源，以网上展览的形式，生动形象地展示高校特色档案信息资源，以此来陶冶公众情操，彰显档案文化的力量，提升档案利用的社会效益。

第六节　高校档案图书文博一体化

一体化的本意是指多个原来相互独立的体系通过某种方式逐步结合成为一个统一体系的过程。高校档案、图书与文物都是对高校记忆、文化进行保管与传承的重要载体，也是高校管理活动的重要信息源，通过对高校档案体系、图书体系和文博体系的类似管理要素进行优化整合，相互补充完善，形成一个高效率的综合体系，是实现高校档案高效管理与公共信息资源共享的重要工作。

从调研的高校档案机构的隶属关系来看，包括四川农业大学、四川师范大学、宜宾学院、阿坝师范学院、成都工业学院、攀枝花学院、成都师范学院、四川建筑职业技术学院、四川托普信息技术职业学院、成都农业科技职业学院、泸州职业技术学院、四川中医药高等专科学校、四川文化产业职业学院、四川财经职业学院、川北幼儿师范高等专科学校等15所院校都隶属于图书馆或是图书信息中心等与图书体系相关的部门。其中宜宾学院、四川托普信息技术职业学院和四川文化产业职业学院的档案机构就是图书档案馆，这将档案室地位进一步提高，成为院校档案文献资源管理中心。

一、管理机构一体化

高校档案、图书与文博管理机构的一体化不限于管理机构的合并，还可以是管理机构之间以及管理机构与上级之间形成统一的体系。主要体现在：一方面，针对规模较小的高校，档案、图书、文博管理机构的分设成本较高，并且没有足够的资源分别保管到三个机构，因此将有限的资源整合到一个机构进行管理，可以推动高校档案的高效管理；另一方面，针对规模较大、资源丰富、部门齐全完整的高校，档案、图书、文博资源种类繁多、数量庞大，再合并为一个部门进行管理则会造成部门职能混乱、冗杂，但为了更好地推动三个管理体系共同发挥文献资源管理中心的作用，高校档案、图书及文博的管理部门在隶属关系上可以隶属于同一个管理层，接受上级部门的统筹规划、组织协调。比如四川师范大学的档案馆、图书馆和校史馆都隶属于四川师范大学图书与档案信息中心，共同接受图书与档案信息中心的协调、指导。

二、信息资源一体化

高校档案、图书、文博信息资源的一体化就是指建立文献资源综合开发、利用、服务于一体的高校信息服务体系，实现档案、图书、文博信息资源的共享，但又区别于传统的档案馆、图书馆、文博馆分设的情况下分散的以及小规模的信息处理和服务方式，而是在网络环境下，形成规模化、系统化、网络化的信息处理、利用、服务体系。

从档案的双重价值理论来看，档案除了具有原始凭证价值以外，还具有第二价值即情报价值，因此高校档案信息资源与图书及文博信息资源的公开化、社会化、网络化以及三者的一体化管理是必然趋势。

网络的发展给档案、图书与文博的一体化趋势提供了沃土，各高校都开设了档案网站，虽然开展档案、图书与文博信息资源整合共享工作的高校较少，大部分高校往往条块分明，图书馆、档案馆、博物馆之间的网络信息资源较为分散。但在调研中也有少数高校开展了网络信息资源共享工作，以西南交通大学为例，该校单独设立了学校档案馆网站，并在网站内设立了"研究生论文""校史研究"等专栏，一方面提供了高校学生关注的论文查重、检索等图书档案资源；另一方面，将档案与高校历史文化相结合，较好地体现了高校档案、图书及文博信息资源的一体化发展状况。另外，四川托普信息技术职业学院也开设了图书档案馆网站，在为师生员工提供网上图书资源信息分享的同时，还开设了"档案管理"专栏，为档案信息资源的公布提供了网络平台。而四川文化产业职业学院虽然分别设有图书馆信息资源网站和档案馆信息资源网站，但两个网站都专门设立了互相直通的栏目，方便了图书档案信息资源的共享与利用。

第七节　高校档案事业科学发展的措施与建议

一、加强高校档案资源体系建设

高校档案是国家档案资源的重要组成部分。从目前我省各高校档案馆（室）藏情况看，仍然存在总量偏少、内容不丰富、数字资源落后等情况。因此，加强高校档案资源建设，要牢固树立"大档案"意识，加大档案接收征集力度，多渠道、多层次征集学校各项工作中形成的具有保存价值的文件材料，进一步优化档案馆（室）藏结构，丰富高校档案资源；及时修订完善学校《文件材料归档范围和档案保管期限表》，加大对学科建设、科技创新、社会服务、文化建设等具有高校特色档案资料的征集力度；对学校重要活动、重大事项、重要科研项目、重点建设工程和特色工作，档案工作要重心前移，超前服务，全程跟踪，同步进行，做到高校工作开展到哪里、档案工作就覆盖到哪里；按照规定要求对各院系、各部门产生的各类档案实行集中统一管理，确保档案资源的有效整合和安全管理。

二、加强高校档案安全体系建设

坚持以总体国家安全观为指导，提高思想认识，为档案安全构筑坚固的思想防线。一定要加强安全管理，建立健全档案安全管理制度，让制度覆盖档案工作的各个方面，并确保制度不折不扣执行；一定要制定档案管理应急预案，对可能发生的突发事件和自然灾害，事先制定档案抢救应急措施；一定要高度重视档案数字化外包管理、信息网络安全保密等工作，强化对档案业务外包的监督，认真管好纸质和电子档案，做好重要档案的异地异质备份，确保档案实体和信息绝对安全。严格执行《档案馆建设标准》《档案馆建筑设计规范》，建设符合档案安全需求的档案馆（室）；配置消防系统、监控系统、温湿度监控仪等档案安全保管所需的必要设备，以及计算机、扫描仪、摄像机等档案技术设备，并定期对设施设备进行检查，保证其能够正常使用；配备档案现代化管理需要的容灾备份设备、应急电源等。同时，要加强与各院系、各部门的协作配合，共同筑牢安全防线，健全档案安全体系，积极稳妥地做好档案安全工作。

三、加强高校档案利用体系建设

档案的根本价值在于利用。档案的利用历来是档案存在的根本目的和价值实现途径，是档案工作的出发点和最终落脚点。加强高校档案利用体系建设，要加大档案资源开发力度，加强对馆（室）藏档案资源的深层次开发，通过整合、加工、编研等方式，努力从浩如烟海的档案资源中筛选出最有价值的东西，使档案服务实现由个别查找向系统整理、由简单汇总向专题研究转变，为广大师生、社会提供更多的"增值服务"。要提升服务水平，完善档案信息检索系统，利用现代化技术手段，简化利用方式，切实做好接待查档及公开信息查阅，为利用者提供热情周到的服务，打造档案利用服务品牌。要加强档案宣传，通过讲座、编研、展览、知识竞赛、媒体网络宣传等多种途径，大力宣传档案的价值，宣传档案工作的重要性，宣传档案法律法规，宣传档案业务知识，传播档案文化，吸引广大师生走近档案，了解学校发展历史，感受深厚文化底蕴和发展成就，从而达到教育人、鼓舞人、激励人、凝聚人的目的。要充分发挥高校人才和科研优势，积极开发档案文化产品，为加强大学生思想政治教育工作提供更多、更生动的档案素材，为历史研究和现实工作编辑更多、更有价值的参考资料，出版更多师生喜闻乐见的档案文化精品。

四、加强高校档案信息化建设

全省各高校应将档案信息化纳入校园信息化建设总体规划，同步部署，同步落实，努力实现档案资源数字化、管理现代化、服务网络化；以满足当前利用需求、保护档案原件为重点，优先对急需利用的档案和馆藏重点档案、珍贵档案、利用频繁档案进行数字化；把数字档案馆（室）建设、电子文件（档案）备份中心建设作为档案信息化建设的重要任务，有计划、分步骤扎实推进；构建档案信息化服务平台，推进档案信息化建设与学校电子公共平台建设有机衔接，逐步实现局域网内档案资源共享，提高档案管理现代化水平；继续探索建立跨学校的档案信息资源共享平台，最大限度实现档案信息资源共享，为学校和社会提供优质高效的档案利用服务。

五、加强高校档案人才队伍建设

　　档案工作是一项专业性、技术性、管理性、科学性、服务性很强的工作，现代化的档案工作需要一支素质优良、结构合理的专业人才队伍。目前，高校档案队伍庞大，但真正从事信息科学、档案学等方面的专业人员较少，总体业务素质偏低。因此，亟须重视和加强档案人才队伍建设，着力打造一支政治素质高、业务能力强、年龄结构合理、工作积极得力的档案工作队伍。建立高校档案人才队伍建设领导责任制，大力实施档案领导干部培养工程，全面提升高校主管档案工作领导的能力。加大岗位培训力度，推荐业务骨干到有关大学或专业机构进行定向培训，学习先进的档案管理理念；组织对口短期挂职培训，开展档案业务比武等活动，切实增强高校档案人员运用专业理论解决实际问题的能力，培养全方位复合型档案管理人才。加强档案业务培训，采取档案基础理论学习、档案管理业务流程辅导、立卷归档操作示范和实地调研参观等形式，全面提高专兼职档案工作人员业务水平。建立培训评估考核机制，保证培训质量，激发档案工作者参加培训的积极性、主动性和成效性。

附录 1

四川省《高等学校档案管理办法》实施细则

第一章 总 则

第一条 为进一步加强新形势下高等学校（以下简称高校）档案工作，根据《中华人民共和国档案法》及其实施办法、《高等学校档案管理办法》等法律法规，结合实际，制定本实施细则。

第二条 本实施细则所称高校档案，是指高校在人才培养、科学研究、社会服务、文化传承创新等活动中直接形成的对师生、学校、社会具有保存价值的各种文字、图表、声像等不同形式的历史记录。

第三条 高校档案是国家档案资源的重要组成部分，是高等教育事业科学发展的重要依据，高校应维护和确保档案的完整、准确、系统和安全。

第四条 高校档案工作是学校重要的基础性工作，高校应将档案工作纳入学校整体发展规划，实行统一领导、统一管理，运用现代技术与管理方法，通过资源整合和开发，为学校的改革发展提供有效服务。

第五条 高校应将档案工作纳入领导议事日程，纳入人员岗位职责，纳入学校管理有关工作计划、工作流程，建立健全档案管理制度和档案工作检查、考核与评估制度，定期布置、检查、总结、验收档案工作，开展档案工作规范化管理。

第六条 四川省教育厅主管全省高校档案工作，四川省档案局负责对全省高校档案工作进行业务指导、监督和检查。

第二章 机构与职责

第七条 高校应建立在校长领导下的以档案机构为核心的各部门、院系、课题组、项目组等（以下简称各部门）专兼职档案人员为基础的高校档案工作体系。

第八条 高校档案工作由高校校长领导，其主要职责是：

（一）贯彻执行有关档案管理的法律法规和方针政策，批准学校档案工作规章制度；

（二）将档案工作纳入学校整体发展规划，列入工作考核检查的内容；

（三）建立健全与办学规模相适应的高校档案机构，落实人员编制、档案库房、发展档案事业所需设备以及经费；

（四）研究决定高校档案工作中的重要奖惩和其他重大问题。

第九条 主管档案工作校领导协助校长负责档案工作，其主要职责是：

（一）制订实施学校档案工作中长期发展规划；

（二）组织协调学校档案机构和全校各部门的档案工作，确保档案管理工作的有效运行和科学发展；

（三）听取档案部门工作汇报，研究并协调解决档案工作中的重大问题，为学校档案工作的发展创造良好条件；

（四）监督检查学校档案工作，组织开展学校档案工作评估。

第十条　高校档案机构包括档案馆和综合档案室。

具备下列条件之一的高校应设立独立的档案馆，其内部机构设置由学校根据实际情况确定。

（一）建校历史在50年以上；

（二）全日制在校生规模在1万人以上；

（三）已集中保管的档案、资料在3万卷（长度300延长米）以上。

未设立档案馆的高校应设立综合档案室。综合档案室可单独设立，也可设立在校长办公室。

高校应成立由校长为主任委员、主管校领导和相关校领导为副主任委员、相关职能部门负责人组成的学校档案工作委员会，作为学校档案工作的组织、协调和咨询机构。

第十一条　高校档案机构是保存和提供利用学校档案的专门机构，应具备符合要求的档案用房和设施设备。实行多校区管理的高校、高校附属单位（包括附属医院、校办企业等）可以根据实际情况设立档案分室。

第十二条　高校档案机构是学校档案工作的业务管理部门，对全校档案工作进行组织、协调和管理。其主要职责是：

（一）贯彻执行有关档案工作的法律法规和方针政策，综合规划高校档案工作；

（二）拟订高校档案工作规章制度，并负责贯彻落实；

（三）组织协调各部门档案工作，对档案分室进行业务指导、监督和检查；

（四）负责征集、接收、整理、鉴定、统计、保管高校的各类档案资料；

（五）编制检索工具，编研、出版档案和校史资料，开发档案信息资源；

（六）组织实施档案信息化建设和电子文件归档工作；

（七）开展档案的开放和利用工作；

（八）开展高校档案工作人员的业务培训；

（九）利用档案和校史资料开展多种形式的宣传教育活动，充分发挥其文化教育功能；

（十）开展国内外档案管理、校史工作学术研究和交流活动。

有条件的高校档案机构，应积极申请创设爱国主义教育基地和文化素质教育基地。

第十三条　高校档案馆设馆长1名，根据需要可以设副馆长1至2名。综合档案室设主任1名，根据需要可以设副主任1至2名。

档案馆馆长、副馆长和综合档案室主任、副主任（以下统称高校档案机构负责人），应具备以下条件：

（一）热心档案事业，一般应具有高级专业技术职务任职经历；

（二）有组织管理能力，具有开拓创新意识和精神；

（三）年富力强，身体健康。

第十四条　高校应为档案机构配备专职档案人员，其岗位人数由学校根据本校档案机构的档案数量和工作任务确定。

高校各部门应配备专职或兼职档案人员，兼职档案人员应在岗位职责中明确其档案工作任务，并保持相对稳定。

第十五条　高校各部门负责人应对本部门归档文件的完整性和系统性负责。各职能或承办部门文件形成者应负责积累文件，并对归档文件的齐全、准确和形成质量负责。各部门兼职档案人员应负责收集、整理应归档的文件，对归档文件的整理质量负责。

第十六条　高校档案人员应遵纪守法，爱岗敬业，忠于职守，具备档案业务知识和相应的科学文化知识以及现代化管理技能。

第十七条　高校档案机构中的专职档案人员，实行专业技术职务聘任制或者职员职级制，享受学校同级别教学、科研和管理人员同等待遇。

第十八条　高校对长期接触有毒有害物质的档案人员，应按照法律法规的有关规定采取有效的防护措施防止职业中毒事故的发生，保障其依法享有工伤社会保险待遇以及其他有关待遇，并按照有关规定予以补助。

第十九条　高校对档案人员中的涉密人员，应按照有关规定予以专项补助。

第三章　收集、整理与归档

第二十条　高校应制定或修订各类文件材料归档范围和档案保管期限表，做到应建尽建、应收尽收、应归尽归。

第二十一条　高校文件材料的归档范围主要包括：

（一）党群类：主要包括高校党委、工会、团委、民主党派等组织的各种会议文件和会议记录及纪要；各党群部门的工作计划、总结；上级机关与高校关于党群工作的文件材料；

（二）行政类：主要包括高校行政工作的各种会议文件、会议记录及纪要；上级机关与高校关于行政管理的材料；

（三）学生类：主要包括学生的入校前档案、报考登记表、学生（学员、学籍）登记表、体检表、成绩表、毕业生登记表、授予学位决定、奖惩记录、党团材料等应归入学生档案的材料；

（四）教学类：主要包括反映高校教学管理、教学实践和教学研究等活动的文件材料；

（五）科研类：主要包括反映高校科研管理、课题立项、研究准备、研究实验、总结鉴定、成果申报、推广应用等科研活动的文件材料；

（六）基本建设类：主要包括反映高校基本建设项目管理和项目的提出、调研、可行性研究、勘察、测绘、设计及审批文件，招投标文件与合同书，施工、监理、竣工验收、工程创优等文件材料；

（七）仪器设备类：主要包括高校仪器设备工作管理和仪器设备申请购置、开箱验收、安装调试、管理使用、维修改造、申请报废等各个环节中形成的文件材料；

（八）产品生产类：主要包括高校在产学研和职务成果转化过程中形成的文件材料、样品或者样品照片、录像等；

（九）出版物类：主要包括高校自行编辑出版的学报、其他学术刊物及本校出版社出版物的审稿单、原稿、样书及出版发行记录等；

（十）外事类：主要包括高校派遣有关人员出席国际会议、出国考察、讲学、合作研究、学习进修的材料；高校聘请的境外专家，教师在教学、科研等活动中形成的材料；高校开展校际交流、中外合作办学、境外办学等相关材料；高校授予境外人士名誉职务、学位、称号等的材料；

（十一）财会类：主要包括学校在会计活动中形成的财务管理、财务预算、会计凭证、会计账簿、财务会计报告、其他会计资料等文件材料。

高校可以根据学校实际情况确定文件材料的归档范围。

第二十二条 高校应加强"三重一大"（重大问题决策、重要干部任免、重大项目投资决策、大额资金使用）及重大活动档案管理工作，确保档案的齐全完整。

第二十三条 高校教职员工从事教学、科研、管理等职务活动所形成的各种载体形式的应归档的文件材料，应按照规定及时移交，任何个人不得据为己有。

对于教职员工在其非职务活动中形成的重要文件材料，高校档案机构可以通过征集、代管等形式进行管理。

第二十四条 高校应制定相关制度和办法，加强与学校有关的各种档案史料的征集。

既是文物和图书，又是档案的各类材料，高校档案机构应与博物馆和图书馆等部门开展业务协作，推进文物、图书、情报与档案资源共享。

第二十五条 归档的文件材料应完整、准确、系统，载体和书写印制材料应符合档案保护要求。

第二十六条 高校应实行文件材料形成单位、课题（项目）组立卷的归档制度。各部门、课题（项目）及专项工作专兼职档案人员应按照国家或行业的有关规定将文件整理后归档。

第二十七条 高校文件材料归档时间为：

（一）党群类、行政类、产品生产类、出版物类、外事类、仪器设备类文件材料应在次学年6月底前归档；

（二）教学类文件材料一般在次年6月底前归档，其中，毕业研究生的学位论文、学位评审材料和各类学生的学籍卡（或成绩单）、取得毕业资格学生电子注册名单（光盘）、毕业生集体照片、学位委员会授予学位清册应在学生毕业后6个月内归档；

（三）科研类文件材料应在项目完成后2个月内归档；

（四）基本建设类文件材料应在项目完成后3个月内归档；

（五）学生类文件材料应在形成后2个月内归档；

（六）重大活动档案应在活动结束后2个月内归档。

第二十八条 当年形成的会计档案，在会计年度终了后，可由学校会计管理机构临时保管1年，再移交高校档案机构保管。因工作需要确需推迟移交的，应经学校档案机构同意。

高校会计管理机构临时保管会计档案最长不超过3年。临时保管期间，会计档案的保管应符合国家档案管理的有关规定，且出纳人员不得兼管会计档案。

第四章　保管与保护

第二十九条　高校档案机构应采用先进的档案保护技术，防止档案的破损、褪色、霉变和散失。对已经破损或者字迹褪色的档案，应及时修复或者复制。对重要档案和破损、褪色修复的档案应及时数字化，加工成电子档案保管。

第三十条　高校应定期对已到保管期限的档案进行鉴定销毁。经鉴定，仍需继续保存的档案应重新划定保管期限；对保管期满确无保存价值的档案应填写销毁清册，经校长或主管档案工作校领导批准后进行监督销毁。

第三十一条　高校档案机构应按照国家有关规定填报高校档案工作年报及有关统计报表；建立档案工作统计台账。

第三十二条　高校应开展档案安全保密检查，严防档案损毁和失泄密等事件发生，确保档案实体和档案信息的绝对安全。

第三十三条　高校应建立档案安全应急处置协调机制和档案安全应急管理制度，防止突发事件和自然灾害对档案造成毁灭性的破坏，提高高校档案抗风险能力。

第五章　利用与公布

第三十四条　高校档案机构应按照国家有关规定公布档案。未经高校授权，任何组织或个人无权公布学校档案。

属下列情况之一者，不对外公布：

（一）涉及国家秘密的；

（二）涉及专利或者技术秘密的；

（三）涉及个人隐私的；

（四）档案形成单位按规定限制利用的。

第三十五条　凡持有合法证明的单位或者持有合法身份证明的个人，在表明利用档案的目的和范围并履行相关登记手续后，均可以利用已开放的档案。

境外组织或者个人利用档案的，按照国家和学校有关规定办理。

第三十六条　查阅、摘录、复制未开放的档案，应经档案机构负责人批准。涉及未公开的技术问题，应经档案形成单位或者本人同意，必要时报请校长审查批准。需要利用的档案涉及重大问题或者国家秘密，应经学校保密工作部门批准。

第三十七条　高校档案机构提供利用的重要、珍贵档案，一般不提供原件，如有特殊需要，应经档案机构负责人批准。

加盖高校档案机构公章的档案复制件，与原件具有同等效力。

第三十八条　高校档案机构是学校出具档案证明的唯一机构。

社会组织和个人利用其所移交、捐赠的档案，高校档案机构应优先提供。

第三十九条　高校档案机构应设立专门的阅览室，编制必要的检索工具，提供开放档案目录、全宗指南、档案馆指南、计算机查询系统等，为利用档案创造便利条件。

第四十条　寄存在高校档案机构的档案，归寄存者所有。高校档案机构如需向社会提供利用，应征得寄存者同意。

第四十一条　高校档案机构应采取多种形式（如举办档案展览、制作电视节目、发行音像制品、建设档案网站等），积极开展档案宣传和校史研究工作，参与校园文化建设。有条件的高校，应在相关专业开设有关档案管理的选修课。

出版档案史料和公布档案，应经档案材料形成单位同意，并报请校长批准。

第六章　条件保障

第四十二条　高校应将档案机构在档案征集、抢救保护、安全保密、数字化建设、现代化管理、提供利用、编辑研究、陈列展览、设备购置和管理维护等方面的经费列入学校预算，保证档案工作的需求。

第四十三条　高校应为档案机构提供专用的、符合档案保管要求的档案库房，对不适应档案事业发展需要或者不符合档案保管要求的馆库，按照《档案馆建设标准》（建标103）、《档案馆建筑设计规范》（JGJ25）的要求及时进行改扩建或者新建。

存放涉密档案应设有专门库房或专柜，由专人负责管理。

存放声像、电子等特殊载体档案，应配置恒温、恒湿、防火、防渍、防有害生物等必要设施。

第四十四条　高校应将档案信息化纳入学校信息化建设总体规划，设立专项经费，配备所需设备设施，加快数字档案馆（室）建设。

第七章　奖励与处罚

第四十五条　高校对在档案工作中做出下列贡献的单位或个人，应给予表彰与奖励。

（一）在档案管理和服务各项业务工作中成绩显著的；

（二）在校史研究、展览和教育活动中成绩显著的；

（三）在档案理论、技术和方法研究中成绩显著的；

（四）将重要或珍贵档案捐赠给高校档案机构的；

（五）在同违反档案法律法规行为斗争中表现突出的。

第四十六条　有下列行为之一的，高校应对直接负责的主管人员和其他直接责任人员依法给予处分；构成犯罪的，由司法机关依法追究刑事责任。

（一）不按规定归档，拒绝归档或将档案据为己有的；

（二）玩忽职守，造成档案损坏、丢失或擅自销毁档案的；

（三）涂改、伪造档案或擅自从档案中抽取、撤换、添加档案材料的；

（四）擅自提供、抄录、复制档案或公布未开放档案的；

（五）违反国家规定，出卖、转让、交换以及赠送档案的；

（六）未配备确保档案安全保管的设施设备，或明知所保管的档案面临危险而不采取措施，导致档案安全事故发生的；

（七）档案安全事故发生后，不及时组织抢救或隐瞒不报、虚假报告或不及时报告，阻挠有关部门调查的；

（八）其他违反档案法律法规的行为。

第八章　附　则

第四十七条　本实施细则适用于四川省各类高校。

第四十八条　高校可根据本实施细则制订具体的实施意见。

第四十九条　本实施细则自公布之日起 30 日后施行，有效期 5 年。

第五十条　本实施细则由四川省教育厅、四川省档案局负责解释。

附件

四川省高等学校档案工作规范化管理标准

项目	内 容	标准分	细则及评分标准
1	组织管理	23	
1.1	坚持集中统一管理	2	1. 未做到统一领导，扣1分 2. 各种门类和载体档案未集中统一管理，扣1分
1.2	纳入学校整体发展规划	2	1. 未纳入学校发展规划、年度工作计划，扣1分 2. 各部门、各院系档案工作未列入工作计划或目标管理考核内容，扣1分
1.3	提供经费保障	2	1. 档案事业所需经费未列入学校预算，扣1分 2. 档案工作经费不能满足档案工作发展需要，扣1分
1.4	设立学校档案工作机构	1	1. 无档案工作机构，不得分。 2. 有档案工作机构，管理、指导、监督职责不明晰，扣0.1～0.5分
1.5	建立档案工作责任机制	2	1. 未明确校长主要职责，扣0.5分 2. 未明确主管档案工作校领导主要职责，扣0.5分 3. 无事例说明校长或主管档案工作的校领导及时解决档案工作实际问题，扣0.5分 4. 未建立档案人员岗位责任制和档案工作责任追究制，扣0.5分
1.6	形成档案工作管理网络	1	1. 未建立档案管理网络，不得分 2. 各部门、各院系无档案工作负责人，扣0.5分 3. 各部门、各院系无专（兼）档案工作人员，扣0.5分
1.7	配备专（兼）职档案人员	1.5	1. 档案人员配备不适应学校档案工作需要，扣0.5分 2. 专（兼）职档案人员一年中变动两次及以上（提职、升迁除外），扣0.5分 3. 专（兼）职档案人员工作变动未及时办理档案移交手续，扣0.5分
1.8	档案人员业务素质符合工作要求	2	1. 档案人员未全部达到大专以上文化程度，扣0.5分；中级以上专业技术职务低于50%，扣0.5分 2. 参加市（州）级以上档案业务培训率未达80%，扣0.5～1分
1.9	档案人员按规定享受同等待遇	1	1. 未享受同等待遇，不得分 2. 对长期接触有毒有害物质的档案人员，未按有关规定予以补助，酌情扣分
1.10	学习贯彻档案法律法规	1.5	1. 未组织学校中层以上管理干部学习和贯彻有关档案法律、法规、规章，扣0.5分 2. 未组织学校档案人员学习、贯彻档案法律法规和规章，扣0.5分 3. 未在全员范围内开展档案法律、法规、规章学习和宣传，扣0.5分

续表

项目	内　容	标准分	细则及评分标准
1.11	建立健全档案管理制度	6	1. 未建立文件归档、档案保管、鉴定销毁、统计、利用、保密、电子档案管理、档案管理系统操作、档案管理应急预案、重大活动档案管理等制度，缺一项扣0.2分，扣完1分为止 2. 未实行文件材料形成单位、课题组立卷归档制度，扣1分 3. 未建立健全档案工作的检查、考核与评估制度，扣1分 4. 未建立"三纳入"（档案工作纳入领导工作议事日程；纳入单位规章制度及工作流程；纳入部门和有关人员经济责任制或岗位责任制）制度，扣1分；有制度但执行不力，扣0.1～0.5分 5. 未建立"四参加"（档案部门参加产品鉴定、科研课题成果审定、项目验收、设备开箱验收）制度，扣1分；有制度但执行不力，扣0.1～0.5分 6. 未建立"四同步"（下达项目计划任务应同时提出文件材料的归档要求；检查项目计划进度应同时检查项目文件材料积累情况；验收、鉴定项目成果应同时验收、鉴定项目文件归档情况；项目总结应同时做好项目文件交接）制度，扣1分；有制度但执行不力，扣0.1～0.5分
1.12	档案机构开展监督、检查和指导	1	1. 未对各部门和各院系及附属单位档案工作进行监督、检查和指导，扣0.5分 2. 未组织各部门和各院系及附属单位档案人员业务学习、参加档案行政管理部门组织的业务培训，扣0.5分
2	设施设备	12	
2.1	档案用房满足需要	2	1. 无独立档案库房，不得分 2. 未实现档案库房、业务技术用房、阅览室、办公室四分开，酌情扣分 3. 两分开，扣1分
2.2	档案馆（室）建设符合要求	3	1. 不符合《档案馆建设标准》和《档案馆建筑设计规范》或未按要求改造，扣2分 2. 档案库房面积不能满足需要（至少预留能容纳5年以上的档案存储空间）扣0.5分 3. 涉密档案未设有专门库房或档案专柜，扣0.5分
2.3	配置档案保护设备	3	1. 未配置档案工作需要的消防器材、避光窗帘、空调机、除湿机、防磁柜、吸尘器、温湿度测试仪、消毒杀虫设备、防虫药物等保护设备，缺1项扣0.3分，扣完2分为止 2. 没有温湿度监控设备，以及防盗、防火报警系统和视频监控系统，缺一项扣0.3分，扣完1分为止
2.4	档案装具符合标准	2	1. 档案柜、架数量不能满足需要，扣0.5分；质量不符合有关标准要求，扣0.5分 2. 档案卷盒规格、式样、质量不符合有关标准要求，扣1分
2.5	配备档案技术设备	2	1. 无计算机、打印机、扫描仪、刻录机、复印机、照相机、摄像机、服务器（虚拟服务器），缺1项扣0.2分，扣完1分为止 2. 未配备档案现代化管理需要的容灾备份设备、应急电源，缺1项扣0.5分

续表

项目	内容	标准分	细则及评分标准
3	业务建设	40	
3.1	文件材料归档齐全、完整、准确	9	1. 文件材料未及时归档，扣 0.1～1 分 2. 应归档文件材料门类、载体不齐全，扣 0.2～2 分 3. 归档文件材料不齐全完整，扣 0.2～4 分 4. 文书、科技、会计等归档文件材料签字盖章不完整，用复印件归档、未注明原件流向，扣 0.1～2 分
3.2	归档文件制成材料符合质量要求	1	1. 归档文件有铅笔、圆珠笔、红墨水、纯蓝墨水、复写纸等书写字迹，扣 0.1～0.5 分 2. 载体不符合耐久性要求，扣 0.1～0.5 分
3.3	制定分类整理实施细则	4	1. 无档案分类方案，扣 1 分；有交叉和无类可归现象，扣 0.1～0.5 分 2. 未编制各类文件材料归档范围和档案保管期限表，扣 1 分；归档范围和保管期限划分不准确，扣 0.1～0.5 分 3. 未制定档案整理细则，扣 1 分；档案整理细则不符合国家或行业标准，扣 0.1～0.5 分 4. 无特殊载体档案整理办法，扣 1 分；整理不符合国家或行业标准，扣 0.1～0.5 分
3.4	档案整理规范	8	1. 党群类、行政类等档案整理不符合《归档文件整理规则》（DA/T22）、《文书档案案卷格式》（GB/T9705），扣 0.1～1 分 2. 科技档案整理不符合《科学技术档案案卷构成的一般要求》（GB/T11822），扣 0.1～3 分。其中，科研档案未执行《科学技术研究课题档案管理规范》（DA/T2），扣 0.1～1 分；基本建设类档案未执行或参照执行《国家重大建设项目文件归档要求与档案整理规范》（DA/T 28），扣 0.1～1 分 3. 会计档案未执行《会计档案管理办法》和《会计档案案卷格式》（DA/T39），扣 0.1～1 分 4. 数码照片档案整理不符合《数码照片归档与管理规范》（DA/T50）、非数码照片档案整理不符合《照片档案管理规范》（GB/T 11821），扣 0.1～1 分 5. 学生类、教学类、外事类等档案整理不符合国家及行业相关标准，扣 0.1～1.2 分 6. 无全宗卷，扣 0.8 分；全宗卷未按《全宗卷规范》（DA/T12）分类、未规范整理，扣 0.1～0.5 分
3.5	档案交接手续完备	2	1. 无交接登记表，扣 1 分 2. 无移交目录，扣 0.5 分 3. 交接登记表、移交清册，无分管领导或部门负责人、移交人、接收人签名，扣 0.5 分
3.6	档案柜架、卷盒排放合理	1	1. 无档案存放示意图或示意图不明晰，扣 0.1～0.5 分 2. 柜架排放不合理或柜架上无指引标识，扣 0.1～0.5 分
3.7	档案保管安全	3	1. 库房不整洁，扣 0.1～0.5 分 2. 无温湿度登记，扣 1 分；温湿度未控制在规定范围内，扣 0.1～0.5 分 3. 未定期开展设备运转情况检查、未定期开展库藏档案清理，扣 0.1～0.5 分 4. 档案出现霉变、褪色、污损、虫蛀、鼠咬等现象，扣 1 分

续表

项目	内 容	标准分	细则及评分标准
3.8	开展到期档案鉴定销毁	1	1. 未开展到期档案鉴定，不得分 2. 鉴定组织工作和销毁档案程序不规范，鉴定手续不齐全、无销毁清册，扣 0.1～1 分
3.9	档案统计及时、准确、连续	1	1. 未建立档案工作统计台账 [档案馆(室)藏档案数量，年度入、出库情况，档案利用、销毁情况，档案机构、人员情况，档案库房、设施、设备情况]，扣 0.1～0.7 分 2. 未及时填报有关报表，扣 0.3 分
3.10	档案信息化建设	10	1. 未将档案信息化建设纳入学校信息化建设总体规划和方案，扣 1 分 2. 未使用档案管理软件，扣 1 分 3. 未实现档案计算机网络管理，扣 1 分 4. 各种门类、载体电子文件归档不齐全完整，扣 0.1～3 分；近三年、永久、30 年（长期）档案全部实现电子化或数字化，不扣分；不足的按比例扣分 5. 未开展存量档案全文数字化，扣 1 分；永久、30 年（长期）存量档案全文数字化分别达到 80%、50% 以上，不扣分，不足的按比例扣分 6. 未执行《电子文件归档光盘技术要求和应用规范》（DA/T38）、《档案数字化光盘标识规范》（DA/T52）、《CAD 电子文件光盘存储、归档与档案管理要求》（GB/T17678），扣 0.1～1 分 7. 未建立全部档案案卷级、文件级目录数据库的，未开展档案的全文检索，扣 0.1～1 分 8. 未采取有效措施确保数字档案数据和信息系统及其网络平台安全，扣 0.1～1 分，其中，未建立信息安全管理制度、未设置用户权限配置和管理功能、未配备正版杀毒软件及专用终端计算机等，扣 0.1～0.3 分；涉密档案数字化加工未严格按照相关保密规定，数字化加工外包未遵循《档案数字化外包安全管理规范》，扣 0.1～0.3 分
4	开发利用	25	
4.1	档案借阅手续完备	1	1. 无借阅登记，扣 1 分 2. 借阅登记手续不齐全，扣 0.1～0.5 分
4.2	检索工具满足需要	2	1. 未建立档案分类目录，扣 0.5 分 2. 未建立档案总目录、全引目录、专题目录、重要文件目录、文号目录等（有三种即可），扣 0.5～1.5 分
4.3	提供档案利用迅速准确	2	1. 档案人员不熟悉所管档案及相关业务，扣 0.1～1 分 2. 档案人员调卷不迅速、不准确，扣 0.1～1 分
4.4	档案利用服务形式多样	2	1. 未主动提供档案信息服务，扣 0.1～1 分 2. 未采取多种形式服务（电话查询、网上查询等），扣 0.1～1 分
4.5	形成通用性编研成果	3	1. 未编写单位组织沿革、大事记、全宗介绍，扣 1 分 2. 未编写有关文件、制度汇编，扣 1 分 3. 无档案信息简报，扣 1 分

续表

项目	内　容	标准分	细则及评分标准
4.6	档案文化开发与传播	14	1. 无年鉴、未开展校史研究或出版档案史料工作（有一种即可），扣 1 ~ 3 分 2. 未举办校史展览，扣 3 分 3. 未在高校网站发布档案信息、未编辑出版档案选编、制作电视节目、发行音像制品等（有一种即可），扣 3 分 4. 无利用档案撰写著作或论文，扣 2 分 5. 未开展档案学术研究、档案业务和工作经验交流活动，扣 2 分 6. 未建立档案网站，扣 1 分
4.7	档案利用效果明显	1	1. 无档案利用效果登记，扣 0.5 分；记录不详细，扣 0.3 分 2. 未收集编辑档案利用实例（5 个以上），扣 0.5 分
加分： 1. 创设了省级及以上爱国主义教育基地或文化素质教育基地，加 1 分； 2. 开设有关档案管理或校史选修课，加 0.5 分； 3. 档案管理及档案服务特色项目获得国家教育行政部门或档案行政部门表彰、奖励，每一个项目加 0.5 分，最多不超过 1 分				

附：等级认定按百分制标准分三级：95 分及以上为一级；80 分及以上至 95 分（不含 95 分，其中设备设施、业务建设得分不低于这两部分总分值的 80%）为二级；70 分及以上至 80 分（不含 80 分）为三级。

附录 2

四川省档案局　四川省财政厅关于贯彻实施
《会计档案管理办法》的意见

各市（州）档案局、财政局，各有关单位：

为进一步加强会计档案工作，财政部、国家档案局修订颁布了《会计档案管理办法》（财政部令第 79 号，以下简称"新《办法》"），现结合我省实际，提出如下贯彻实施意见。

一、充分认识重要意义

会计档案是单位预算和财务收支计划的重要依据，是经济建设的宝贵信息资源，也是国家档案资源的重要组成部分。新《办法》基于互联网技术新业态的发展，肯定了电子会计档案的法律效力，提出了新形势下会计档案管理的要求。各地、各单位要高度重视，从推动互联网创新经济发展、践行绿色发展理念、推进国家治理能力现代化的高度，充分认识新《办法》修订出台的重大意义，充分理解新《办法》修订的基本原则和主要内容，把规范会计档案管理、有效保护和利用会计档案作为当前和今后一个时期的一项重要工作抓实抓好。

二、准确把握主要内容

新《办法》根据会计档案的内容范围、承载形式、管理手段、利用方式等的变化，重点做了以下几方面的调整。

一是完善了会计档案的定义和范围。明确会计档案包括通过计算机等电子设备形成、传输和存储的电子会计档案；在归档范围中补充了纳税申请表、会计档案鉴定意见书等内容。二是增加了电子会计档案的管理要求。允许符合条件的会计凭证、账簿等会计资料不再打印纸质归档保存，但保管期限为永久的会计资料必须以纸质形式归档。三是完善了会计档案的销毁程序。明确会计档案的鉴定与销毁属于单位的内部管理事务，各单位应定期对已到保管期限的会计档案进行鉴定，并对确无保存价值的会计档案进行销毁。四是明确了会计档案出境的管理要求。五是调整了会计档案的保管期限，定期保管期限由原 3 年、5 年、10 年、15 年、25 年五类调整为 10 年、30 年两类。新《办法》规定的保管期限为最低保管期限，并延长了会计档案向单位档案管理机构的移交期限。

三、认真抓好贯彻执行

各级档案行政管理部门、财政部门要加强对本地区会计档案工作的宣传和指导，要利用各种渠道进行广泛宣传培训，将新《办法》纳入会计人员继续教育的内容，引导各单位的相关负责人和会计、档案工作人员准确理解和把握新《办法》的内容和要求。要积极开展新《办法》贯彻实施情况调研，了解各地、各部门组织实施情况及各单位贯彻执行情况，指导解决新《办法》施行中的问题。

各单位要切实加强会计档案管理工作，针对电子档案、销毁程序、保管期限等新要求，结合会计核算方式和档案管理现状，尽快修订和完善会计档案的收集、整理、保管、利用和鉴定销毁等管理制度，确保会计档案的真实、完整、可用、安全。要加强土地征用及重大固定资产的买卖单据，工资名册，债权债务，交通肇事、工伤事故的处理单据，各种经济合同、存出保证金收据、契约等重要会计专业材料的收集。会计凭证附件另行组卷的，要注明原件所在的类和卷号，以便日后核对。要积极推进会计资料电子归档和电子会计档案管理，促进会计档案信息的深度开发和有效利用。委托具备档案管理条件的机构代为管理会计档案的单位，应当签订书面委托协议，并按照档案业务外包和中介服务的有关规定，履行监管职责，严控外包风险。

四、切实做好新旧《办法》衔接过渡

各单位要根据财政部、国家档案局《关于新旧〈会计档案管理办法〉有关衔接规定的通知》（财会〔2016〕3 号），做好会计档案管理的新旧衔接工作，重点处理好不同类别会计档案的保管期限和电子会计资料归档问题的衔接，实现新旧管理办法平稳过渡。

（一）关于保管期限的衔接规定

1.新《办法》与原《办法》规定的最低保管期限不一致的，按照新《办法》的规定执行。

2.已到原《办法》规定的最低保管期限，并已于 2015 年 12 月 31 日前鉴定可以销毁但尚未进行销毁的会计档案，应按照新《办法》的规定组织销毁；已到原《办法》规定的最低保管期限，并已于 2015 年 12 月 31 日前鉴定予以继续保管的会计档案，应按照新《办法》确定继续保管期限。

3.已到原《办法》规定的最低保管期限，但 2015 年 12 月 31 日前尚未进行鉴定的会计档案，应按照新《办法》的规定进行鉴定，确定销毁或继续保管。确定销毁的，应按照新《办法》的规定组织销毁；确定继续保管的，应按照新《办法》确定继续保管期限。

4.未到原《办法》规定的最低保管期限的会计档案，应按照新《办法》的规定重新划定保管期限。

（二）关于电子会计资料归档的衔接规定

1.2014 年以前形成的会计资料一律按照原《办法》的规定归档保管。

2.2014 年以后形成的电子会计资料，尚未移交本单位档案机构统一保管的，符合新《办法》第八条、第九条规定的，可仅以电子形式归档保管。

3.各单位根据新《办法》仅以电子形式保存会计档案的，原则上应从一个完整会计年度的年初开始执行，以保证其年度会计档案保管形式的一致性。

五、着力加强监督检查

各地区和各部门（单位）要加强本地区、本系统、本单位贯彻实施新《办法》的督促检查，确保各类会计档案收集齐全、真实有效、整理系统、安全保管、利用有序。省档案局和省财政厅将联合开展对各地区、省直各部门（单位）、高等学校、省属国有企业会计档案工作及贯彻实施新《办法》的专项检查，并适时通报检查情况。

附录 3

四川省档案局关于贯彻执行《归档文件整理规则》的
实施意见

各市（州）档案局，省级各部门（单位）档案机构，有关企业、高等院校档案机构，各省级
专业档案馆：

国家档案局发布修订的档案行业标准《归档文件整理规则》（DA/T 22—2015，以下
简称《规则》）自 2016 年 6 月 1 日起施行。为认真贯彻执行《规则》，结合我省实际，
提出以下实施意见。

一、认真组织学习贯彻

《规则》适应新形势下档案事业的发展需要，进一步规范归档文件整理工作，对于提高
机关档案工作规范化、现代化管理水平，维护国家档案资源的完整与安全意义重大。各级档
案部门要提高认识，高度重视，把贯彻执行《规则》作为加强档案基础业务建设的一项重要
工作来抓，认真组织学习，加强档案业务培训，切实抓好学习宣传和贯彻执行工作。

二、准确把握《规则》要求

各级档案部门要在吃透《规则》内容、把握原则标准、明确工作要求上下功夫，做好新
标准与旧标准执行过程的有效衔接工作。各部门（单位）要结合实际，重新调整修订本单位
分类方案，进一步完善归档范围、归档要求、保管期限等，确保归档文件齐全、完整。

三、切实提升机关档案工作水平

各部门（单位）要以学习贯彻《规则》为契机，不断强化档案意识，建立健全档案管理
机制，有序推进档案基础业务建设，进一步提升机关档案工作科学化、规范化、制度化水平，
努力推动档案工作新发展。

四、我省贯彻执行《规则》的有关业务要求

1. 机关、团体的文书类归档文件材料，企业党群工作、行政管理、经营管理和生产技术
管理四大类（或合并为"管理类"）、事业单位管理类（文书类）归档文件材料按照《规则》
执行。

2. 从 2016 年起形成的纸质和电子归档文件材料，应统一按照《规则》执行。2015 年以
前的归档文件材料按照修改前《归档文件整理规则》（DA/T 22—2000）及省档案局《关于

施行〈归档文件整理规则〉的几点意见》（川档发〔2001〕24号）执行。

3. 从2016年起，归档文件分类方案应统一采用"年度—保管期限—机构（问题）"或"年度—保管期限"的方法进行分类、排列。

4. 档号编制应遵循唯一性、合理性、稳定性、扩充性、简单性原则，依据分类方案和排列顺序编写档号。档号结构应统一采用"全宗号—档案门类代码·年度—保管期限—机构（问题）代码—件号"进行编制，归档文件未按照机构（问题）分类的，应省略机构（问题）代码。

企事业单位"管理类"文件材料，档号结构应采用"全宗号—GL·年度—保管期限—机构代码—件号"，或"全宗号—GL·年度—保管期限—件号"进行编制；保留党群工作、行政管理、经营管理、生产技术管理四大类的单位，门类代码分别为DQ、XZ、JY、SC，如四大类下有复分的，档号结构应采用"全宗号—XZ△△·年度—保管期限—件号"进行编制，其中"△△"为二级类目代码，如XZ11。

全省各普通高校应根据《高等学校档案实体分类法》，并结合学校实际，编制档号。

5. 纳入国家综合档案馆进馆范围的机关、团体、企事业单位和其他社会组织的全宗号由国家综合档案馆给定。全宗号采用4位阿拉伯数字标识。

未纳入国家综合档案馆进馆范围的企事业单位的全宗号按相关规定给定。

6. 机关文书档案按机构（问题）分类的，其代码应采用3位阿拉伯数字标识，并建立机构与代码对照表，如"办公室"对应代码"001"等。

7. 件号是组件后的单件归档文件在分类方案最低一级类目内的排列顺序号，用4位阿拉伯数字标识，不足4位的，前面用"0"补足，不得以盒为单位流水编制件号。

8. 归档文件应在首页上端的空白位置加盖归档章并填写相关内容，归档章中的保管期限用"永久""30年""10年"标识，机构（问题）用中文简称标识，如"办公室"（行政类）等。电子文件可以由系统生成归档章样式或以条码等其他形式在归档文件上进行标识，不再使用归档文件封面代替归档章。

9. 纸质归档文件应以件为单位编制页码，文件中有图文的页面为一页，页码应逐页编制，分别标注在文件正面右上角或背面左上角的空白位置。

10. 归档文件以件为单位进行装订。应向国家综合档案馆移交的归档文件一律使用棉线装订，页数较少的可使用直角装订或缝纫机轧边装订，文件较厚的可使用"三孔一线"装订，用于装订的材料不得有金属物，不能包含或产生可能损害归档文件的物质，不使用回形针、大头针、燕尾夹、热熔胶、办公胶水、装订夹条、塑料封等的装订材料进行装订。

11. 归档文件的装盒，应按分类方案的最低一级类目的文件排列顺序进行，最低一级类目不同的归档文件不得装入同一盒内。

12. 盒号即档案盒的排列顺序号，按进馆要求在档案盒盒脊或底边进行标注，并以千位数为限依序编制。例如按"年度—保管期限"分类的归档文件，则盒号应按年度—保管期限依序拉通编制流水号。

13. 归档电子文件整理，应按照《数字档案室建设指南》（2014 年）、《电子文件归档与管理规范》（GB/T 18894—2002）、《企业电子文件归档与电子档案管理指南》执行，电子文件与纸质文件整理应保持一致。

14. 各部门（单位）使用的电子文档管理系统，应符合《规则》《数字档案室建设指南》《企业电子文件归档与电子档案管理指南》等相关规定。

各部门（单位）贯彻执行《规则》的情况，请及时向省档案局反馈。

附录 4

四川省档案局关于认真学习贯彻落实《关于进一步加强和改进新形势下档案工作的实施意见》的通知（川档发〔2015〕7号）

各市（州）档案局，省直各部门（单位）：

近日，中共四川省委办公厅、省政府办公厅印发了《关于进一步加强和改进新形势下档案工作的实施意见》（川委办〔2015〕2号，以下简称《实施意见》），对新时期全省档案工作做出了总体部署，体现了省委、省政府对新形势下档案事业发展的高度重视和关心支持。为做好《实施意见》的学习贯彻落实工作，现将有关事项通知如下。

一、充分认识学习贯彻落实《实施意见》的重要意义

《实施意见》是我省认真贯彻中共中央办公厅、国务院办公厅《关于加强和改进新形势下档案工作的意见》，推进档案事业科学发展的重要措施，是在新形势下加强和改进档案工作，推动我省档案事业科学发展的重要文件。《实施意见》反映了在全面建成小康社会、全面深化改革、全面深入推进依法治省、全面从严治党的新形势下，省委、省政府对全省档案工作提出的新要求。《实施意见》的出台是我省档案事业发展进程中具有里程碑意义的一件大事，必将有力地促进全省档案事业科学发展。全省各级档案部门要充分认识《实施意见》出台的重大意义，以学习贯彻落实《实施意见》为契机，进一步推进我省档案事业科学发展，不断提升档案工作对我省经济社会发展的贡献率，为全面实施"三大发展战略"、奋力推进四川"两个跨越"做出新的贡献。

二、准确把握《实施意见》的主要精神

《实施意见》紧密结合我省档案工作实际，坚持问题导向，突出改革创新，针对我省档案事业发展的关键环节提出了加强和改进新形势下全省档案工作的要求和措施。

要准确把握新形势下档案工作的重要意义、地位和作用；准确把握全省档案工作的总体要求和主要任务；准确把握建立健全覆盖人民群众的档案资源体系、方便人民群众的档案利用体系、确保档案安全保密的档案安全体系"三个体系"的目标；准确把握强化对档案工作的领导，明确职能责任，加大支持保障力度，进一步优化档案事业发展环境等方面的要求。

各级档案部门要在吃透《实施意见》内容、把握精神实质、明确工作方向上下功夫，以《实施意见》为指导，扎实工作，以创新的思想、扎实的举措和优良的作风，主动适应新常态，

努力推动全省档案工作新发展。

三、切实做好《实施意见》的贯彻落实工作

各级档案部门要紧紧围绕党委、政府中心工作，全力服务大局，把学习贯彻落实《实施意见》作为当前一项重要任务，加强领导、周密部署，抓紧抓好、抓出成效。要把《实施意见》作为档案干部学习教育培训的重要内容，组织全体档案工作者开展学习、研讨活动，切实把思想和行动统一到《实施意见》的精神上来。要把《实施意见》作为当前和今后一个时期档案宣传工作的重点，集中宣传力量，采取多种形式，加大宣传力度，进一步增强全社会档案意识，形成强大的贯彻合力。要将《实施意见》的贯彻落实与编制档案事业发展"十三五"规划结合起来，把《实施意见》的各项要求、任务、措施等体现到"十三五"规划中，力争使档案事业发展规划列入本地区国民经济和社会发展总体规划，保障档案事业与经济社会同步协调发展。要积极开展档案行政执法检查和专项档案业务检查，真正把《实施意见》不折不扣落实到位。

各地、各部门（单位）要积极适应新形势，遵循新要求，解决新问题，要按照《实施意见》精神，结合本地区、本部门（单位）实际，认真对照检查工作安排、工作落实方面的不足，找出工作差距，及时制定贯彻落实《实施意见》的工作方案，明确贯彻落实任务的责任部门、工作目标、工作进度和工作措施。要及时主动向当地党委、政府和部门（单位）领导汇报落实《实施意见》的难点和重点，争取支持，有计划、有步骤、分阶段解决制约各地和各部门（单位）档案工作发展的实际困难和问题，推进档案事业再上新台阶。

省档案局将适时对学习贯彻落实情况进行督促检查，各市（州）档案局学习贯彻落实情况请于 5 月 1 日前报省档案局。

附录 5

全省高等学校档案工作情况通报

附录 5.1 2017 年度全省高等学校档案工作情况通报

按: 根据《四川省国家档案馆管理办法》及有关规定,为总结、交流全省高等学校档案工作,省档案局、省教育厅印发了《关于报送档案工作年度工作报告的通知》。2017 年,全省 90 余所高等学校按要求报送档案工作年度报告,现摘要通报如下。

2017 年,全省高等学校紧紧围绕高等教育事业发展,主动融入学校工作,着力提升服务能力,扎实推进各项工作,充分发挥高校档案存凭、留史、育人的独特作用。

2017 年,省档案局联合省教育厅开展《全省高等学校档案事业发展报告》编制工作,印发《关于开展四川省高等学校档案事业发展情况调研的通知》,及时摸清家底,准确掌握全省高等学校档案事业发展现状。在西华大学召开全省高等学校档案工作规范化管理推进会,宣传贯彻党的十九大精神,学习贯彻《四川省档案工作规范化管理办法》和《四川省〈高等学校档案管理办法〉实施细则》,交流高等学校档案工作规范化管理经验,分析研究高等学校下一步工作思路和措施,加快推进高等学校档案工作规范化管理。召开《四川省〈高等学校档案管理办法〉实施细则》宣贯会暨全省高等学校“国际档案日”主题活动,举办以“增进文化自信,共建精神家园”为主题的全省高等学校 2017 年“国际档案日”系列活动,组织开展全省高等学校档案工作者风采大赛、《高校档案工作者之歌》征集大赛、“做自信高校档案人”心理辅导报告及档案法律法规知识有奖竞赛活动。深入西华大学、成都工业学院等 10 所高校进行调研、指导和培训,有力推动了全省高等学校档案工作创新发展。

一、加强组织管理,档案工作机制进一步健全

全省高等学校档案机构普遍重视档案工作规范化管理,将其纳入领导议事日程、纳入工作计划、纳入目标管理内容、纳入经费预算、纳入人员岗位职责。依据档案工作法律法规和标准规范,结合实际,完善档案管理机制,建立健全档案工作检查、考核与评估制度以及各项业务制度,档案工作经费与人才保障制度,建成全面覆盖、操作性强的制度体系,将制度建设贯穿档案工作的全过程和各环节。西南石油大学、西华大学进一步加强领导,健全制度。内江师范学院、四川警察学院、成都理工大学工程技术学院、四川大学锦江学院、成都职业技术学院、四川化工职业技术学院、泸州职业技术学院、眉山职业技术学院、成都艺术职业学院、四川科技职业学院、四川电子机械职业技术学院、四川护理职业学院成立学院档案工

作委员会，建立了以档案部门为中心，各职能部门、专兼职人员为基础的档案工作网络体系。攀枝花学院、四川建筑职业技术学院、成都农业科技职业学院、四川文化产业职业学院、四川城市职业学院将档案工作纳入学院考核内容。

二、夯实基础工作，档案业务建设进一步规范

——加强档案资源体系建设。全省高等学校档案机构加大档案接收征集力度，完善馆（室）藏档案结构，进一步丰富档案资源；及时修订、完善高校文件材料归档范围和档案保管期限表，对学校各部门、各院系产生的各类档案实行集中统一管理，加强对重要活动、重大事项、重要科研课题、重点建设工程和特色工作形成档案材料的收集力度，做到先期介入，全程跟踪，确保档案资源不流失。四川大学、四川理工学院、绵阳师范学院、成都东软学院、电子科技大学成都学院、四川水利职业技术学院、成都工贸职业技术学院不断丰富馆藏资源，突出学校办学特色和发展特色，加大特色专题档案征集力度，广泛征集重大活动以及重点建设项目产生的纸质、电子、声像等档案，师生校友书信、手稿、书画作品、邮票、学习笔记、照片等珍贵档案。四川民族学院、四川大学锦城学院、成都师范学院、成都航空职业技术学院、四川交通职业技术学院、四川工商职业技术学院、四川中医药高等专科学校、四川幼儿师范高等专科学校、川南幼儿师范高等专科学校、四川应用职业技术学院进一步修订和完善各项档案管理规章制度，对各归档单位兼职档案工作人员进行业务指导，确保档案材料收集齐全、整理及时。成都中医药大学、四川旅游学院抓好重点基建项目，先后多次到后勤基建处现场了解工程进展。

——加强档案安全体系建设。全省高等学校不断加大对档案工作的投入，加强档案馆库建设，完善基础设施设备，档案管理条件明显改善，档案安全得到有效保障。川北医学院、宜宾学院、四川音乐学院、民办四川天一学院、内江职业技术学院、四川航天职业技术学院、四川托普信息技术职业学院、乐山职业技术学院、四川商务职业学院、四川长江职业学院、四川三河职业学院、四川文轩职业学院、四川希望汽车职业学院配置符合档案保管要求的档案库房以及设备和安全监控设施，建立健全了档案安全保管制度和责任追究制度，定期进行档案安全检查。成都文理学院、达州职业技术学院、广安职业技术学院、川北幼儿师范高等专科学校坚持把档案安全管理摆上重要议事日程，多次召开档案安全工作会议，定期举行安全教育和培训。四川工业科技学院将安全检查结果纳入考核并实行一票否决制。

三、创新工作方式，档案服务能力进一步提升

全省高等学校档案机构加强对档案信息化建设的力度，积极推进数字档案馆（室）建设，努力实现档案资源共建共享、高效利用。完善档案信息检索系统，利用现代化技术手段，通过网站、QQ、微博、微信等方式，切实做好接待查档及公开信息查阅，为利用者提供热情周到的服务。西南交通大学和西南民族大学实现了综合档案管理平台与学校教务、学生、办公等管理平台的数据对接。西南财经大学、西南科技大学、西华师范大学、雅安职业技术学院学籍档案部分实现网上查询。成都纺织高等专科学校、四川邮电职业技术学院、四川信息职业技术学院逐步实现"纸质＋电子"双重存档备份和双查阅的档案管理模式。西南石油大学开通"西南

石大档案"微信公众号，建立了"用户需求＋资源生产加工＋服务与推送＋问题解决"的服务链。四川农业大学、四川师范大学、乐山师范学院、四川工商学院、绵阳职业技术学院、四川电力职业技术学院、南充职业技术学院、四川文化传媒职业学院、四川广播电视大学转变传统利用服务模式，加快推进馆藏档案数字化，极大提高了查档效率，提升了档案服务利用能力。西南财经大学天府学院、四川职业技术学院、四川管理职业学院通过电话、网站、QQ、微信等多种形式，利用网络公众平台进行业务指导与咨询，为利用者提供主动、热情的服务。

四、深化开发利用，档案文化建设进一步加强

全省高等学校档案机构加大档案资源开发力度，加强对馆（室）藏档案资源的深层次开发，发挥本校特色档案资源优势，编研开发校史、大事记、教材、年鉴、宣传片等具有丰厚底蕴的档案文化产品。推进文化育人，建立爱国主义教育基地和网上宣传阵地，通过讲座、编研、展览、知识竞赛、媒体网络宣传等多种途径，大力宣传档案的价值，宣传档案工作的重要性，展示高等学校的精神面貌和历史文化。四川大学、中国民航飞行学院、阿坝师范学院、成都大学、成都工业学院、四川国际标榜职业学院、四川现代职业学院通过开展校史主题展览，加强对校史文化的宣传。成都信息工程大学、西昌学院、西南医科大学、成都体育学院、成都信息工程大学银杏酒店管理学院、四川外国语大学成都学院、成都医学院、四川财经职业学院、四川汽车职业技术学院配合"6·9"国际档案日和校庆等活动，利用微信公众号、网站等网络信息平台，挖掘珍贵档案，制作纪念册、宣传画册、展览等，让更多师生走进档案，了解档案，重视档案，推动校园档案文化建设。成都理工大学、西华大学、四川文理学院积极推进口述档案工作。

2017年，全省高等学校档案工作取得了明显成效，但也还存在着以下问题：一是部分高等学校对档案工作的重要性认识不足、重视不够，未将档案工作纳入学校整体发展规划，经费缺乏保障，缺少专业技术人员。二是部分高等学校档案管理设施设备匮乏落后，档案管理条件差，档案用房面积严重不足，没有对全校档案实行集中统一管理。三是部分高等学校档案业务建设基础较差，没有建立健全档案工作制度，文件材料收集不够齐全、完整、准确，整理不符合规范，档案安全存在较大风险，数字档案馆（室）建设滞后，档案信息化与学校信息化建设不同步不协调。四是部分高等学校档案开发利用起步晚、水平低，档案服务形式单一，深层次编研成果缺乏，档案工作在学校建设发展、大学精神的弘扬和传承等方面效果不尽人意，档案工作的作用和影响差距还很大。对上述这些问题，我们务必清醒认识，高度重视，认真研究，抓好整改。

2018年，省档案局将联合省教育厅继续加强对各高等学校档案工作的监督、指导和服务，推动《四川省〈高等学校档案管理办法〉实施细则》落地落实。开展经科档案资源开发利用成果交流会以及高等学校"6·9"国际档案日系列活动。发布《全省高等学校档案事业发展报告》。指导和支持各高等学校积极开展档案工作协作交流。各高等学校要增强做好新时代档案工作的责任感、使命感和紧迫感，不忘初心，牢记使命，进一步振奋精神，开拓进取，扎实工作，以新作为努力开创高等学校档案工作新局面。

附录5.2 2016年度全省高等学校档案工作情况通报

按：按照《四川省国家档案馆管理办法》及有关规定，为总结、交流全省高等学校档案工作，省档案局、省教育厅印发了《关于报送档案工作年度工作报告的通知》，全省绝大多数高等学校按要求报送档案工作年度报告，现摘要通报如下。

2016年，全省高等学校紧紧围绕高等教育事业发展，创新档案工作机制，夯实档案基础业务建设，拓宽档案服务领域，扎实推进各项工作，充分发挥了高校档案服务经济社会、服务高等教育事业、服务高校师生的独特作用，全省高等学校档案工作实现了"十三五"良好开局。

一、省档案局切实加强调研、指导和培训

一是省档案局深入四川农业大学、西南医科大学、四川文理学院、西华师范大学等11所高校开展档案工作调研指导，了解掌握高校档案工作情况，听取意见和建议。二是联合省教育厅安排部署编制高校档案工作"十三五"规划，并指导全省高校科学编制高校档案工作"十三五"规划。三是联合省教育厅及时启动《四川省〈高等学校档案管理办法〉实施细则》（以下简称《细则》）的修订工作，组织专家进行反复修改、论证，并公开征求全省高校意见，数易其稿后正式印发。《细则》的修订，为加强新形势下高校档案工作指明了方向，提供了遵循。四是举办全省高校档案馆（室）负责人培训会，中国人民大学、省社科院及省档案局有关专家和领导，先后就高校档案事业发展、高校档案文化建设、高校档案业务建设做专题讲座。全省普通高校档案馆馆长、档案室主任100余人参加了为期3天的培训。

二、高等学校普遍重视和支持档案工作

全省高校加强对档案工作的领导，将档案工作纳入学校整体发展规划，在机构设置、人员编制、经费投入等方面进一步加大支持保障力度，切实推进档案工作与高等教育事业同步协调发展。成都信息工程大学、成都大学、四川民族学院、阿坝师范学院、四川传媒学院、成都职业技术学院、四川水利职业技术学院、成都艺术职业学院、广安职业技术学院、四川现代职业学院、四川汽车职业技术学院、成都理工大学工程技术学院等成立了由校（院）长任组长的档案工作领导小组，建立了档案机构牵头、各相关职能部门落实的档案管理机制。内江师范学院、成都医学院、四川信息职业技术学院、成都航空职业技术学院，在中心组学习会、中层干部会、年度工作会上学习档案法律法规。四川旅游学院、达州职业技术学院、四川国际标榜职业学院、四川财经职业学院、四川护理职业学院、成都工贸职业技术学院等将档案管理工作纳入行政管理和考核目标内容。成都纺织高等专科学校注重营造"人人熟知档案要求，人人重视档案工作，人人参与档案工作"的氛围。四川艺术职业学院档案工作形成了"领导管、专人抓"的工作格局。四川工商学院开设档案课，并将学习综合档案室作为档案课的现场教学点。

三、高等学校档案机构认真履行职责

——建立完善档案业务规范。四川师范大学、西昌学院、成都体育学院、西南民族大学、成都东软学院、四川文化艺术学院、四川电影电视学院、四川天一学院、四川工商职业技术学院、四川商务职业学院、四川华新现代职业学院、四川艺术职业学院、四川卫生康复职业学院、四川外国语大学成都学院、电子科技大学成都学院、四川大学锦江学院等制定了一系列档案工作管理细则及业务规范，提升了档案工作制度化、规范化、科学化管理水平。

——丰富馆（室）藏档案资源。全省高校顺应新形势下新要求，创新档案形成和收集的管控手段，采取有力的控制措施，将文件材料收集归档工作纳入各院所、各部门工作计划，纳入相关人员的岗位职责和考核范围；进一步拓展档案收集领域和范围，多渠道、多层次收集各项工作中形成的不同门类和载体并具有保存价值的文件材料，力争做到应归尽归、应收尽收。西南民族大学发布《征集倡议书》，征集师生创新创业成果、作品，实现档案工作从"有什么查什么"到"查什么有什么"的根本转变。四川旅游学院建立档案材料形成单位、课题组立卷归档制度，以及档案工作的检查、考核与评估制度。成都文理学院、四川航天职业技术学院、四川司法警官职业学院规范学院档案立卷归档工作，并落实责任追究制度。四川标榜职业技术学院将各类档案收集、移交纳入考核范畴，考核结果与部门负责人及兼职档案人员年度绩效工资挂钩。

——强化过程指导。成都理工大学坚持"上门服务"，加强档案业务指导工作，主动到相关职能部门进行档案业务交流。西华大学、阿坝师范学院、四川长江职业学院等学校，通过 OA、档案馆网站、专兼职档案人员 QQ 群、上门服务等方式开展兼职档案员业务培训。四川农业大学举办三个校区专（兼）职档案人员培训。内江师范学院开展档案工作分类指导，并形成档案工作通报制度。四川城市职业学院定期召开中干例会，安排、检查、总结学校档案工作。西南财经大学天府学院召开档案工作会议 10 余次，安排并指导档案工作。

——推进数字档案馆（室）建设。四川大学积极实施"历史档案数字化建设项目（第三期）"建设，"发现川大：四川大学历史档案信息发布系统"获得教育部直属高校档案工作协会优秀案例评审一等奖。西南财经大学、西南交通大学成功申报以档案信息化建设为主体的改善基本办学条件专项经费补助，西南财经大学馆藏存量档案 60% 以上实现了数字化。西南石油大学配置了"综合档案信息管理系统"和"干部档案管理系统"，对 1.1 万多份高频使用的教学、招生、就业档案进行全文数字化。西南科技大学推进学籍档案数字化体系建设，完成 2008—2011 年 4 届毕业生（约 2.8 万人）学籍档案数字化，并实现内部网上查询，建立"学生档案去向查询"系统，利用网络、电话提供各类学生档案查询服务。成都信息工程大学、乐山师范学院等启动档案数字化工程。西华大学完成馆藏基建图纸、重要照片、增量纸质档案的全文扫描和文件挂接工作，馆藏各类电子数据总量达到 56 万条。绵阳师范学院馆藏档案数字化加工（二期）项目通过验收，完成了基建类、科研类、外事类等档案数字化加工。四川音乐学院、四川机电职业技术学院等基本实现了馆藏档案存储数字化、管理现代化。成都大学开发学籍翻译系统软件、毕业生档案转递机要清单及地址软件、高考录取名册检索软件等。

四、高等学校档案工作服务水平进一步提升

全省高校档案机构利用档案资源，在学校评估检查、校园建设、重大活动庆典、展览陈列、编修史志、教学科研评奖、对外合作交流等方面主动作为，有效服务，发挥了不可替代的作用，彰显了档案的独特价值。四川大学实行管理服务工作督办制、服务满意度测评制度、服务质量测评等制度，切实为广大师生和校友提供"广、快、精、准"的档案信息服务，并紧紧围绕120周年校庆等工作，开展富有特色的校史教育和宣传工作。电子科技大学打造窗口服务形象，规范"档案证明"服务工作。成都理工大学坚持"依法治档，强化服务，发挥效益"的工作思路，不断提高管理效率和服务质量。西南科技大学为硕士点评估、重点实验室评估以及基建、审计等方面工作提供了高效、便捷、优质的档案查询利用服务。成都信息工程大学为巡视审计、建筑物维修、校史编撰等重大工作提供了大量的档案资料。四川师范大学为学校财务审计、科研经费审计、全国干部档案信息核查提供服务。西南医科大学档案查阅利用服务满意率达100%。

全省高校积极挖掘档案文化资源，推出了一批档案文化产品。四川大学、西南交通大学、四川农业大学、成都中医药大学、四川师范大学、四川工业科技学院等通过开展校史主题展览，利用学校官方微信、新闻网、校报等各种渠道，加强对校史文化的宣传。西南财经大学、成都理工大学、攀枝花学院、成都纺织高等专科学校等完成校史及年鉴编撰工作。西南石油大学、西南医科大学等以"口述档案"为抓手，构筑特色档案。中国民航飞行学院、乐山师范学院、四川文理学院等建立档案文化宣传网站，加强档案文化传播。成都中医药大学、西昌学院、成都信息工程大学银杏学院等利用馆藏珍贵档案，举办档案文化展览，积极开展"6·9"国际档案日活动。

2016年，全省高等学校档案工作虽然取得明显成效，但个别高校不够重视，经费投入不足，档案馆（室）设施建设较为滞后；个别高校档案基础业务还有差距，对业务部门及项目形成的文件材料缺乏有效的管控，档案的保管保护和开发利用还有待进一步加强；个别高校档案馆（室）电子文件的收集、存储、管理没有与纸质档案同步进行，档案信息化建设进程有待进一步加快，这些问题亟待在今后工作中认真加以解决。

2017年，省档案局将联合省教育厅开展《四川省<高等学校档案管理办法>实施细则》宣传贯彻工作，加强对各高校档案工作的指导，组织开展"6·9"国际档案日系列活动，编制发布《全省高等学校档案事业发展报告》，支持开展档案协作交流活动。各高校要加强对档案工作的领导，优化发展环境，进一步推进全省高等学校档案工作科学发展，更好发挥档案工作的独特作用。

附录6

全省高校档案工作掠影（发布于四川档案资源网有关高校档案工作的部分信息）

附录6.1 丁成明赴成都工业学院调研档案工作（发布日期：2017-03-15）

2017年3月10日，省档案局党组书记、局长丁成明赴成都工业学院调研档案工作。

丁成明先后参观了学院校史陈列馆、陈毅纪念园，实地察看了学院档案馆，看望了学院档案部门工作人员。

校史陈列馆展出的反映学院发展历程的纸质资料、照片、实物等档案资料，种类丰富，特色明显。丁成明在参观时讲到，学院历史悠久、文化厚重，档案资源十分丰富，档案作用发挥充分。

在学院档案馆，丁成明查看了有关档案资料，对学院档案部门在档案收集、保管、利用等方面所做的工作表示赞赏。他说，档案是学院发展历程的见证和记录，是一笔宝贵的财富，希望进一步发挥好档案工作在服务学院各项工作中的独特作用。

调研中，丁成明对学院档案部门在档案基础业务建设等方面取得的成绩给予肯定。

省档案局办公室、经科处有关同志参加调研。

附录 6.2 精准扶贫档案同行——成都纺织高等专科学校三措并举助推精准扶贫档案收集工作（发布日期：2017-04-10）

成都纺织高等专科学校不断强化档案工作服务民生工作理念，健全工作机制，努力勤奋工作，精准扶贫档案收集工作成效初显。

建立部门共同负责、齐抓共管的精准扶贫档案工作联动机制。学校党委在制定扶贫工作规划时，将精准扶贫档案工作与精准扶贫工作做到同步部署，其档案工作纳入部门年度目标管理档案工作管理考评范畴。分管档案工作的校领导亲自指导精准扶贫档案资料收集并检查质量与进展情况。学校参与扶贫的部门主要负责人，负责本部门在精准扶贫工作中档案的立卷归档工作。学校与扶贫单位互动、下派干部与档案馆沟通、校内参与扶贫的部门与档案馆密切配合的联动机制，有力地推动了扶贫档案的收集管理工作。

落实责任，深入基层，主动服务。精准扶贫参与部门多、涉及面广，校档案馆抓总，校扶贫办牵头协调，参与扶贫的部门积极参与，确保精准扶贫工作开展到哪里，档案指导服务就跟进到哪里。校档案馆制订培训计划，召开专题培训会，对全校专兼职档案工作人员进行系统培训，由副馆长讲解扶贫档案收集整理的相关要求，着力提高档案收集质量。校扶贫办牵头协调，参与扶贫的部门有专人负责收集整理扶贫档案。校档案馆专门派员深入扶贫村，帮助指导档案收集整理。

丰富档案资源，为开发利用做准备。为充分发挥档案"存史、资校、育人"的作用，更加地为学校工作大局服务，学校将加大工作力度，确保精准扶贫档案收集齐全、整理规范、保管安全和有效利用。要进一步扩大收集范围，把与精准扶贫密切相关的各类文件材料尽力收集齐全、保持完整，不遗漏、不流失。实现精准扶贫档案规范管理，全面真实记录学校精准扶贫工作历程，为精准扶贫工作考核评价体系、学校部门与干部考核提供原始记录和真实凭据。同时，将适时举办学校扶贫成果展览，深入开展广大师生爱党爱国爱学校教育、为2019 年学校建校 80 周年编撰校史提供支撑材料。

附录6.3 全省高校档案工作规范化管理推进会在西华大学召开 （发布日期：2017-11-08）

2017年11月2日至3日，全省高等学校档案工作规范化管理推进会在西华大学召开。会议的主要任务是学习宣传贯彻党的十九大精神，贯彻落实《四川省档案工作规范化管理办法》和《四川省〈高等学校档案管理办法〉实施细则》，交流高校档案工作规范化管理经验，安排部署推进高校档案工作规范化管理的各项任务，进一步促进高校档案工作创新发展。

省档案局党组成员、副局长周书生出席会议并讲话，西华大学副校长朱晋蜀、费凌先后介绍了西华大学有关情况。

会议指出，全省高校档案部门要把学习宣传贯彻党的十九大精神作为当前和今后一个时期的首要政治任务，精心组织、周密部署，迅速把思想和行动统一到党的十九大精神上来。要抓好学习，按照中央、省委的安排部署，结合档案部门实际，结合实际学、带着问题学，尤其要学好原文，做到弄懂弄通、悟深悟透。要通过教学、讲座、网站、微博、微信、展览等载体和平台，深入宣传党的十九大精神，把党的十九大精神宣讲到师生中去。要把学习宣传贯彻党的十九大精神与当前各项工作结合起来，以推进档案工作规范化管理的实际成效来检验学习成效。

会议指出，加强高校档案工作规范化管理，是贯彻落实省委、省政府和国家档案局有关安排部署的具体体现，是加强档案工作"三个体系"建设的基本前提，是推进依法治档、提升档案工作治理能力的重要手段，也是衡量高校综合管理水平的一个重要指标。高校档案工作规范化管理，有利于健全高校档案工作机制，完善高校档案工作管理网络，提升档案工作水平，充分发挥档案工作独特作用，展示高校档案工作成效，推动高校档案工作迈上新台阶，最终实现高校档案工作为高校师生、高等教育事业、经济社会发展服务的目的。

会议强调：要深化对高校档案工作规范化管理重要性的认识，切实增强推进高校档案工作规范化管理的责任感和紧迫感；要按照《四川省档案工作规范化管理办法》和《四川省〈高等学校档案管理办法〉实施细则》规定，对标《四川省高等学校档案工作规范化管理标准》，找差距、补短板，进一步重视机制建设，加强组织管理；进一步完善设施设备，确保档案安全；进一步规范业务建设，夯实基础工作；进一步深化开发利用，提升服务能力；进一步加强队伍建设，增强创新创造能力，努力开创高校档案工作新局面。

　　会上，西华大学以"围绕'三个体系'建设、全力推进档案工作规范化管理"为题，重点介绍了部门在线立卷归档、数字档案馆建设等方面的做法；西南石油大学以"砥砺求新建设'大档案'"为题，重点介绍了借力新媒体平台、送档案资源到师生身边的做法；成都理工大学以"找短板、明思路、强举措、升水平"为题，重点介绍了以解决实际问题为突破口和抓手、促进档案工作规范化管理的做法；攀枝花学院以"创新举措谋发展、服务大局谋未来"为题，重点介绍了以档案工作规范化管理促进档案资源高效利用的做法；四川大学锦江学院"以努力开创独立学院档案工作新局面"为题，重点介绍强化组织领导、推进档案工作规范化管理的做法。

　　会上，还宣讲了《四川省〈高等学校档案管理办法〉实施细则》，通报表扬了在 2017 年国际档案日高校档案宣传活动中成绩突出的 35 所高校。

　　在 2 日下午的参观学习中，西华大学档案馆负责人从工作体系架构、组织管理制度、基础设施设备、数字档案馆建设、校史馆建设、档案文化宣传等方面做了全面介绍。与会人员实地参观了西华大学档案馆和校史馆，详细了解了西华大学档案工作情况，现场观摩了档案信息管理系统功能展示，学习交流了高校档案工作规范化管理的具体业务流程。大家认为，西华大学历史文化厚重，档案资源丰富，档案工作规范化管理特色亮点突出，档案工作成效明显，通过现场参观学习，学到了经验，交流了方法，开阔了视野，启迪了思维，将有力促进今后高校档案工作的发展。

　　省委教育工委、省教育厅办公室负责人，全省 105 所高等学校档案馆（室）负责人 100 余人参加会议。

附录6.4 省档案局举办《四川省〈高等学校档案管理办法〉实施细则》宣贯会暨全省高等学校国际档案日主题活动（发布日期：2017-06-15）

2017年6月9日，为纪念第10个国际档案日，进一步提升全省高校档案工作规范化管理水平，省档案局在四川大学举办《四川省〈高等学校档案管理办法〉实施细则》宣贯会暨全省高等学校国际档案日主题活动。省档案局党组成员、副局长周书生出席会议并讲话，省教育厅副巡视员王嵩建出席会议并为获奖者颁奖。

会上，省高校档案工作协会通报了四川省高等学校档案工作者风采大赛、《高校档案工作者之歌》征集大赛获奖名单，与会领导为获奖者颁奖。作为四川省高等学校2017年国际档案日系列活动之一，四川省高等学校档案工作者风采大赛于4月20日至21日在四川大学举行，全省高校档案工作者踊跃参加比赛，经过激烈角逐，产生了冠军、亚军、季军各1名和优秀奖、单项奖若干；同时开展的《高校档案工作者之歌》征集大赛近期揭晓，评选产生了一等奖、二等奖、三等奖各1名和优秀奖若干。

省档案局经科处负责人宣讲了《四川省〈高等学校档案管理办法〉实施细则》的修订背景、重要意义、主要内容和实施要求。今年2月，省教育厅、省档案局修订印发了《四川省〈高等学校档案管理办法〉实施细则》，对高校档案工作做出了全面明确的规定和要求，对进一步做好新形势下高校档案工作具有很强的指导性和操作性。

会议还邀请心理健康教育专家、四川大学教授格桑泽仁作档案工作者心理健康教育讲座。

周书生在讲话中，回顾了近年来全省高校开展国际档案日宣传活动的情况，总结了全省高校加强档案文化建设取得的成果，肯定了全省高校档案工作在服务高校师生、服务高等教育事业、服务经济社会发展等方面取得的成效，并对做好下一步高校档案工作提出了要求。他强调，全省高校要认真学习《四川省〈高等学校档案管理办法〉实施细则》，采取有力有效措施抓好贯彻落实，进一步提升档案工作水平；强化档案工作规范化管理，全面加强档案资源、档案安全、档案利用"三个体系"建设；深化档案文化建设，充分发挥高校优势，深入挖掘档案资源，加强文化产品开发，不断推出档案文化精品；认真学习贯彻全国档案安全工作会议精神，切实加强人防、物防、技防体系建设，确保档案实体和信息绝对安全。

全省高校档案机构负责人共90余人参加会议。

附录 6.5　充分发挥高校档案工作的独特作用——四川师范大学召开 2017 年档案工作培训会（发布日期：2017-06-15）

2017 年 5 月 25 日，在 "6·9" 国际档案日即将到来之际，四川师范大学召开了 2017 年档案工作培训会。会议围绕 "档案——我们共同的记忆" 宣传主题，学习宣讲了高校档案工作有关法规、文件，回顾总结了学校档案工作成绩，客观分析了形势和任务，安排部署了下一阶段的主要工作。

省档案局党组成员、副局长周书生，四川师范大学党委副书记王万民出席会议并讲话。会议由校档案馆馆长曹成建主持。

周书生全面、系统地解读了《四川省〈高等学校档案管理办法〉实施细则》的出台背景、主要内容和实施要求，阐述了高校档案工作的发展历程、发展趋势和目标任务。他指出，高校档案是国家档案资源的重要组成部分，是高等教育事业科学发展的重要依据，高校档案工作是学校重要的基础性工作。高校要认真贯彻省委办公厅、省政府办公厅《关于进一步加强和改进新形势下档案工作的实施意见》和教育部、国家档案局颁发的《高等学校档案管理办法》，全面实施省教育厅、省档案局颁发的《四川省〈高等学校档案管理办法〉实施细则》，进一步加强档案资源体系、档案安全体系、档案利用体系 "三个体系" 建设，切实推进档案信息化、档案管理规范化建设和档案文化建设，充分发挥高校档案工作的独特作用，更好地服务高校人才培养、科学研究、社会服务、文化传承创新，为高校改革发展贡献档案方面的力量。

王万民要求：一要扩大学习成果，把握形势，严格履职，继续为学校档案事业的发展出谋划策、贡献力量。二要增强责任意识，特别是学校人事、机构、财务、基建、毕业生成绩等档案具有重要的存凭、留史、资政、育人价值，必须按时按质立卷归档，为开发利用档案资源奠定坚实基础。三要贯彻实施档案法律法规和相关规章制度，严格执行部门立卷归档制度，严格落实档案安全管理规定，严格遵守档案利用规定，共同做好档案工作，为学校和社会发展做出新的更大的贡献。

四川师范大学档案馆负责人回顾总结了过去一年全校的档案工作，安排布置了 2017 年档案工作任务。与会人员还参加了 "宝葫芦" 杯档案法律法规知识竞赛。

省档案局经科处负责人、四川师范大学各部门及各院系分管档案工作的负责人、专兼职档案工作人员 100 余人参加会议。

附录 6.6 全省高等学校档案馆（室）负责人培训会圆满举办 （发布日期：2016-10-09）

2016 年 9 月 28 日至 30 日，全省高等学校档案馆（室）负责人培训会在省委党校举办。这是近年来省档案局第一次组织全省高等学校档案馆（室）负责人培训，目的是宣传贯彻省委办公厅、省政府办公厅《关于进一步加强和改进新形势下档案工作的实施意见》《四川省档案事业发展"十三五"规划》《高等学校档案管理办法》以及相关档案规章，研讨新形势下高校档案工作，进一步推动全省高校档案文化建设，提升高校档案工作规范化管理水平，更好地发挥高校档案工作的独特作用。全省高等学校档案馆（室）负责人共 100 余人参加培训会。省档案局党组成员、副局长周书生出席开班式和培训总结会。

精彩讲授：开阔视野　启迪思想

培训会上，中国人民大学、省社会科学院等专家，围绕文化建设、档案工作数字转型战略等主题做了专题讲座。培训中，授课老师的讲授系统全面、翔实深入，让参训学员开阔了视野，激发了灵感，启迪了思想。

中国人民大学原常务副校长、教授、博士生导师冯惠玲以"档案工作数字转型战略与路径"为题，深入分析了档案数字转型的背景，指出"文件/档案管理转型"与"资源开发转型"两大档案工作数字转型任务。冯惠玲教授以超前的理念、翔实的案例介绍了美国、澳大利亚、英国等国家的档案管理先进经验，列举了荷兰、威尼斯、纽卡索、佛罗里达等国家和城市档案资源开发的实践情况，为参训学员开展档案工作数字转型提供了有益借鉴。省社会科学院副院长、二级研究员李明泉以"四川文化发展走势"为题，从对档案事业的认识、文化建设基本问题、四川文化建设走势等方面，详细阐释了文化建设的内涵，深入分析了当前国内外文化发展背景与"十三五"时期我省文化改革发展形势、总体要求、主要任务与主要举措，为参训学员加强"十三五"时期高校档案文化建设明晰了思路，指明了方向。省档案局经科处负责人结合我省档案工作实际，对《归档文件整理规则》《会计档案管理办法》进行了详细解读，进一步明确了高校管理类档案的整理原则、整理方法和整理要求，以及新旧《会计档案管理办法》有关衔接规定，并对参训学员提出的档案工作中的问题进行了耐心解答与指导。

周书生以"新形势下的高校档案工作"为主题，从蓬勃发展的高校档案工作、任重道远的高校档案工作、大有可为的高校档案工作三方面，全面总结了近年来全省高校档案工作取得的成效，深入分析了目前全省高校档案工作面临的形势与存在的问题，并对做好"十三五"时期高校档案工作提出了明确要求。周书生指出，高校档案记载了学校发展的真实面貌和历史过程，客观反映了学校教学和管理中的各个环节，是查考、追溯发展的重要依据和原始凭证。全省高校档案工作者要站在为历史负责、为高等教育发展负责的高度，不断深化对高校档案工作的认识，切实增强做好高校档案工作的责任感和使命感，在档案业务建设上务实作为、在档案文化建设上主动作为、在自身建设上有所作为、在助推发展上彰显作为。

深入交流：传经献宝　互鉴共享

在座谈交流中，参训学员相互"切磋"、传经献宝，成都工业学院、四川理工学院、西华大学、西南医科大学等9所高校的档案馆（室）负责同志结合本校档案工作成效、经验及"十三五"期间档案工作规划做了交流发言。交流发言既凝练了我省高校档案工作的先进经验与做法，也展现了我省高校档案工作的蓬勃生机与活力。

成都工业学院优化校史陈列馆、建设陈毅纪念园，深入挖掘学校百年办学精髓和传统，继承和发扬"陈毅精神"，积极探索"馆园"资源育人新途径；充分利用"馆园"档案资源，开设"弘毅讲坛"、传播红色文化；2013年，陈毅纪念园被四川省委、省政府批准为"四川省爱国主义教育基地"。四川理工学院加强督促考核，从组织领导、案卷质量、兼职档案管理人员业务能力三方面对全校各部门、二级学院档案工作进行考核评比，督促各部门、二级学院规范开展档案管理工作。西华大学狠抓数字档案馆建设，构建起档案业务管理信息系统、干部人事档案管理系统、档案信息发布利用平台、校园新闻档案采集平台，并将档案管理系统与教务管理系统、招生系统、OA系统、研究生管理系统等进行数据集成，实现了全校范围内档案信息资源的互联互通、数据共享。西南医科大学强化档案收集与编撰工作，建立执行档案工作分类指导、专人联系制度，深入归档部门开展档案收集、鉴定、分类、立卷指导，档案收集数量和质量逐年提升；编撰校园主要建筑及景观图集（电子版和纸质版），留住学校影像、记录学校发展。西华师范大学优化档案查询利用服务，推出《西华师范大学档案查询服务管理办法》《普通档案查询服务流程》并上墙，在服务过程中推行"一米微笑"，为师生、校友和学校教学、科研提供优质、高效、贴心的档案查询利用服务。内江师范学院强化档案管理条件保障，建立综合档案、干部人事档案、学生档案、财会档案库房，设立综合档案室、干部人事档案室、学生档案室、财会档案室、声像档案室和实物档案室，并完善保密安全防护设备，实现档案库房管理现代化、智能化和科学化。宜宾学院加强档案开发利用，编制8种案卷目录、8种全引目录、6种专题目录、3种指南及《宜宾学院高层次人才基本情况要览》《宜宾学院优秀校友名录》《宜宾学院科研成果统计要览》等编研成果，切实提高了档案利用效率。四川文理学院加强档案宣传阵地建设，开辟档案宣传橱窗，设置校史网上展厅、档案与民生等网站专栏，建好用好校史陈列馆，有效拓展学校档案和文献资料价值，充分发挥档案在知校爱校荣校教育中的独特作用。四川国际标榜职业学院创新档案资源体系建设，在广泛征求各部门意见的基础上，制定直接针对每个部门的《四川国际标榜职业学院综合性档案归档范围细化目录》《四川国际标榜职业学院电子文档归档范围细化目录》，并按月考核各部门负责人和兼职档案人员收集整理和移交电子档案的工作，从源头上保证档案资源的可持续建设。

成果丰硕：提神鼓劲　主动作为

通过培训学习，参训学员对做好下一步档案工作有了更清晰的思路，对未来档案事业发展有了更坚定的信心。大家一致表示，通过此次培训，既拓展了视野、更新了理念、提振了精神，也清楚地认识到档案工作存在的差距和不足，在今后的档案工作中将继续发挥高校人才优势，创新工作方式方法，做出有为有声的高校档案工作。

成都理工大学档案馆副馆长任泽明谈道："此次培训会安排合理、服务周到，课程设置既有理论高度，又有实践操作方面的学习交流，帮助了高校档案工作者相互学习借鉴、共同提高。西华大学档案馆馆长杨志松感谢省档案局搭建的学习交流平台，"授课老师讲授精彩、分析深入，具有很强的针对性和操作性，此次培训会对高校档案工作者启发很多、收获很大，使我们进一步做好'十三五'时期高校档案工作有了更明确的方向。"西南财经大学、四川师范大学、成都医学院、四川文理学院等高校档案馆（室）负责人也一致认为，通过此次培训，切实增强了做好新时期高校档案工作的信心和决心，接下来将全面、系统、务实地规划"十三五"时期档案工作，为全省高校档案工作再添新举措、再谋新发展、再创新佳绩。

新时期高校档案工作大有可为，任重道远。全省高校档案工作者纷纷表示，将以认真贯彻落实《四川省档案事业发展"十三五"规划》为契机，深入贯彻落实档案法律法规，进一步健全档案工作体制机制，强化档案工作组织领导，严格档案工作考核，充实档案工作队伍，为档案工作提供组织保障和人才保障；进一步改善档案管理条件，加强档案馆库建设，完善基础设施设备，健全档案安全管理制度，落实保密安全责任，确保档案实体与信息的绝对安全；进一步提升档案规范化水平，加强档案资源体系、安全体系、利用体系及信息化建设等基础业务建设，促进档案管理制度化、规范化、科学化；进一步加强档案文化建设，切实发挥高校档案服务于增强文化自信和价值观自信的独特作用，打造高校档案文化精品，服务社会主义文化大发展、大繁荣。

附录6.7   活知识·勇创新·促发展——全省高等学校档案业务知识竞赛活动侧记（发布日期：2015-06-8）

　　2015年6月5日，由省档案局、省教育厅主办，省高等学校档案协会、四川大学档案馆承办的2015年"6·9"国际档案日宣传活动暨全省高等学校档案业务知识竞赛在四川大学举行。来自四川大学、电子科技大学、西南财经大学、西南石油大学、四川农业大学等30所高校的200余名档案工作者齐聚一堂，进行了精彩的档案业务知识PK竞赛。

　　这次活动以"知识·创新·发展"为主题，以竞赛形式为载体，进一步宣传了档案法律法规和中共中央办公厅、国务院办公厅《关于加强和改进新形势下档案工作的意见》和省委办公厅、省政府办公厅《关于进一步加强和改进新形势下档案工作的实施意见》，提升了高校档案从业人员的理论水平和业务素质，促进了全省高校档案工作科学发展。

　　竞赛由四川大学档案馆馆长党跃武主持，四川大学党委副书记李向成发表热情洋溢的致辞，省档案局副局长张辉华讲话。

文艺演出营造浓厚氛围

　　四川农业大学的档案工作者为大家带来了书车表演。书车是大家工作中密不可分的"朋友"，在音乐的伴奏下，表演者们翩翩起舞，飘逸曼妙的舞姿同轻灵环转的书车渐渐融为一体，现场不时传来阵阵掌声，既是对表演者们优美的舞蹈鼓掌，也是对档案工作者勇于担当、甘于奉献的兰台精神喝彩。四川师范大学的档案工作者为大家表演了兰台健身八段锦。八段锦是我国古代流传下来的一种气功功法，体势动作古朴高雅，表演者们统一着装，动作柔和缓慢，圆活连贯，上下相随，节节贯穿，动静相兼，展示了档案人心平气和、淡泊名利的精神面貌。

"一站到底"展示兰台风采

此次知识竞赛的比赛方式采取的是目前很受大家欢迎的江苏卫视的益智答题类节目"一站到底"。主持人从8名参赛选手中随机抽取1名参赛选手作为擂主,让其余选手依次与其对战答题的模式,进行档案知识PK竞赛。比赛题目内容丰富,涵盖了档案政策法规、组织管理、制度建设、业务工作和信息化建设等方面的专业知识。选手们展现了丰富的知识储备,良好的应变能力,在主持人提出问题后迅速作答,一轮接一轮,现场气氛跌宕起伏,扣人心弦,场下的观众们时不时地爆发出欢呼声、鼓掌声。经过七轮的PK,最终,来自西南交通大学的选手夺得冠军。

互动抢答传递档案魅力

在紧张激烈的"一站到底"过程中,同样精彩的互动抢答穿插其中,每当主持人读完题目后,现场马上就有观众举手抢答,现场高潮此起彼伏。通过互动,现场观众学到了新知识,枯燥的档案业务知识通过抢答的形式得到灵活应用,获益匪浅。大家纷纷表示,通过活动,进一步提高了学习档案业务知识的兴趣,激发了掌握档案知识的激情。在工作中要学用结合,进一步提高档案工作水平。

本次活动共评选出组织奖一、二、三等奖10名,并现场抽取了个人一、二、三等奖共计60名。四川大学党委副书记李向成、省档案局副局长张辉华为获奖者现场颁奖,在观众们热烈的掌声中,活动圆满结束。

此次活动分为有奖问卷知识竞赛和档案业务知识PK竞赛两部分。在5月举行的有奖问卷知识竞赛中,全省有40余所高校的1 500余人参加比赛。他们中有高校领导、有各部门、各院所负责人、有专兼职档案人员。此次活动在高校掀起了学习档案知识、重视档案工作、发展档案工作的热潮,充分展示了各高校档案工作人员积极蓬勃的精神面貌,提高了全省高校档案工作人员业务水平,促进了新形势下全省高校档案工作的科学发展。

附录6.8   媒体关注四川省高等学校档案业务知识竞赛(发布日期: 2015-06-09)

国际档案日前夕，6月5日，省档案局在四川大学成功举办2015年"6·9国际档案日"宣传活动暨全省高等学校档案业务知识竞赛，引起10余家媒体的关注。

我省高校档案工作向现代管理模式转变

来源：四川日报   作者：林红　郝勇   编辑：蔡京君   日期：2015-06-08

本报讯（林红　记者　郝勇）6月5日，在"6·9"国际档案日到来之际，省档案局在四川大学举行全省高校档案业务知识PK竞赛，来自四川大学、电子科技大学、西南财经大学等全省40余所高校的1 500余名档案工作者参赛。经过比拼，西南交通大学摘得竞赛桂冠。本次竞赛，标志着省档案局开展"学习档案法律法规、创新档案工作"走进高校活动启动。

竞赛以高校档案"知识·创新·发展"为主题，以《档案法》《〈档案法〉实施办法》等档案法律法规和规范性文件为内容，进一步宣传档案法律法规和宣讲档案知识，提升高校档案从业人员的理论水平和业务素质。

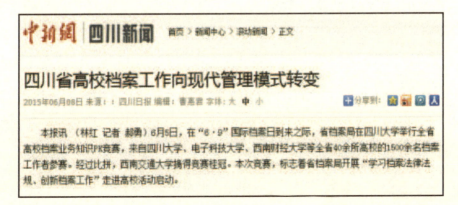

我省高校档案工作向现代管理模式转变

2015-06-08 04:55　来源：四川日报　**我有话说**

　　近年来，省档案局在推进高校档案工作中，强化宣传带动作用，通过知识竞赛、专题报告等形式，宣传档案法律法规，宣传档案工作的新要求，强化高校全体教职员工的档案意识。我省高校档案工作逐步向现代管理工作模式转变。

　　（原载于四川日报，中国新闻网、网易、光明网、东方网等转载）

四川举行高校档案业务知识 PK 竞赛

来源：四川在线　　作者：林红　郝勇　　编辑：曾沧海　　　　　　日期：2015-06-05

　　四川在线消息（林红　四川日报记者　郝勇）6 月 5 日，在"6.9"国际档案日到来之际，省档案局在四川大学举行全省高校档案业务知识 PK 竞赛，四川大学、电子科技大学、西南财经大学等高校组队参赛。本次竞赛，标志着省档案局开展"学习档案法律法规、创新档案工作"走进高校活动启动。

四川举行高校档案业务知识PK竞赛

http://www.scol.com.cn（2015-06-05 16:51:24）来源：四川在线　**评论共 0条**

➕分享到：⭐QQ空间　🔶新浪微博　🔷腾讯微博　👤人人网　🟢微信　　　　　记者：郝勇　编辑：曾沧海

　　来自全省 40 余所高校的 1 500 余名档案工作者参加了竞赛。这次竞赛以高校档案"知识·创新·发展"为主题，以《档案法》《〈档案法〉实施办法》，中共中央办公厅、国务院办公厅《关于加强和改进新形势下档案工作的意见》，教育部《高等学校档案管理办法》等档案法律法规和规范性文件为内容，进一步宣传档案法律法规和宣讲档案知识，提升高校档案从业人员的理论水平和业务素质，促进全省高校档案工作科学发展。

　　近年来，省档案局强化宣传带动，不断加强我省高校档案工作，采取以宣传贯彻省委办公厅、省政府办公厅印发的《关于进一步加强和改进新形势下档案工作的实施意见》为契机，通过知识竞赛、专题报告等形式，宣传档案法律法规，宣传新形势下党和国家对档案工作的新要求，强化高校全体教职员工的档案意识，为高校档案工作营造良好的工作氛围。在具体工作中，省档案局以规范化管理为目标，指导高校大力开展和加强档案资源体系、档案信息化建设，不断提高档案工作围绕中心、服务大局的能力和水平。与此同时，还深化档案文化建设，举办"档案见证·四川高校发展专题展"、高校档案文化建设成果展示，开展高校档案文化建设征文比赛，组织高校档案文化建设论坛，编辑出版《档案见证·高校篇》等档案文化产品。多措并举，使我省高校档案工作从重保管轻利用的传统工作模式，逐步向以档案资源体系建设为基础、档案利用体系建设为手段、信息化建设为方式的现代管理工作模式转变，促进高校档案工作更好地融入高校教学与科研，融入我省经济文化建设，高校档案已成为我省档案事业发展的中坚力量。

经过激烈比拼，西南交通大学摘得桂冠。

四川省档案局举行高等学校档案业务知识竞赛

来源：四川新闻网　　　作者：刘佩佩　　　编辑：覃贻花　　　日期：2015-06-05

四川新闻网成都6月5日讯（记者　刘佩佩）在"6·9"国际档案日来临之际，四川省档案局在四川大学举办了"6·9"国际档案日宣传活动暨全省高校档案业务知识竞赛。全省30所高校200余名档案工作者现场观战。

中国网 **新闻中心** 传递中国价值　首页

四川省档案局举行高等学校档案业务知识竞赛

发布时间：2015-06-05 16:46:04 ｜ 来源：四川新闻网 ｜ 作者：刘佩佩 ｜ 责任编辑：

在活动现场，由各高校推荐和选拔的8位选手上场PK。竞赛采用了热门的江苏卫视益智答题类节目"一站到底"的形式，知识PK竞赛内容涵盖档案工作法律法规，党中央、国务院在新形势下对档案工作的要求，档案工作业务标准规范，档案工作的组织管理、制度建设和业务工作等。通过竞赛，展示了高校档案从业人员的职业自信和工作魅力。西南交通大学摘得此次竞赛桂冠。四川农业大学的书车表演、四川师范大学的兰台健身八段锦展现了档案工作者的新风貌。

东方网 ≫ 中国频道 ≫ 滚动新闻 ≫ 正文

四川省档案局举行高等学校档案业务知识竞赛

2015-6-5 17:01:44　来源:四川新闻网　作者:刘佩佩

原标题：四川省档案局举行高等学校档案业务知识竞赛

四川新闻网成都6月5日讯（记者 刘佩佩） 在"6.9"国际档案日来临之际，今日，四川省档案局在四川大学举办了"6.9"国际档案日宣传活动暨全省高校档案业务知识竞赛。全省30所高校200余名档案工作者现场观战。

据了解，此次活动分为有奖问卷知识竞赛和档案业务知识PK竞赛两部分。在5月举行的有奖问卷知识竞赛中，全省有40余所高校的1 500余人参加比赛。他们中有高校领导、有各部门、各院所负责人，有专兼职档案人员。此次活动在高校掀起了学习档案知识、重视档案工作、发展档案工作的热潮，充分展示了各高校档案工作人员积极蓬勃的精神面貌，提高了全省高校档案工作人员业务水平，促进了新形势下全省高校档案工作的科学发展。

（原载于四川新闻网，网易、中国网、新民网、东方网、大河网、汉丰网等转载）

附录 6.9　2014 年丁成明在内江师范学院调研档案工作
　　　　　（发布日期：2014-11-07）

2014 年 11 月 5 日上午，省档案局党组书记、局长丁成明一行到内江师范学院调研档案工作。

丁成明一行实地察看了学院档案馆，与学院档案部门工作人员就高校档案收集、保管、利用，以及离校学生档案管理等进行了深入交流，同时还听取了学院档案工作情况介绍，并与院党委书记马元方、党委副书记高宁等就进一步加强档案工作交换了意见。

近年来，院档案工作围绕学院中心工作，注重档案业务建设、注重档案机制建设、注重档案文化建设，为传承学院历史、弘扬先进文化、服务学院发展等做出了积极贡献。

丁成明强调，高校档案是学校建设与发展的真实记录，是学校的发展史、记忆库和信息源，也是国家和社会的宝贵财富。我们要认真学习贯彻党的十八届四中全会精神，不断推进高校档案工作创新发展；要加强高校档案文化建设，深入挖掘档案文化资源，积极开发档案文化产品，努力建立体现高校特点的档案资源体系；要积极探索地方档案部门与高校合作的方式和途径，合力开展课题研究，共同打造档案文化精品，更好地发挥档案工作在服务我省经济社会发展中的重要作用。

内江市政府副市长陈朗，市档案局党组书记、局长周智勇，省档案局有关处（室）负责同志参加调研。

附录 6.10　2014 年成都纺织高等专科学校通过档案工作规范化管理省一级标准认定（发布日期：2014-12-23）

近日，省档案局组成认定组，对成都纺织高等专科学校档案工作规范化管理达省一级标准进行认定。省档案局副局长周书生主持会议并讲话。成都纺织高等专科学校校长夏平出席会议并介绍相关情况。

近年来，成都纺织高等专科学校高度重视档案工作。一是领导重视、保障有力。将档案工作纳入学校发展规划和部门工作计划，并把档案工作作为各部门目标责任管理考核的重要内容。形成了校长领导、以档案室为中心，辐射到学校各个部门的档案工作管理网络，为档案工作提供了必要组织保障。二是转变观念、优质服务。学校积极转变观念，采取多种措施充分利用档案资源，主动服务学校建设和发展。编印《成都纺专国家骨干高职院校建设成果画册》，摄制《衣被河山织锦秀——成都纺织高等专科学校国家骨干高职院校项目建设成果展示》。学校以档案室为依托，成立法律文秘专业实训基地，承担法律文秘专业"档案管理学"课程的实践教学任务，为学校培养文秘档案应用型人才夯实了基础。三是强化利用、传承文化。学校档案室积极参与高校育人工程，筹建校史馆，建立档案工作网页，参与建设校史文化走廊，充分以校报为宣传阵地，不定期地刊登档案史料专题文章，向广大师生积极主动宣传校史文化，在校园文化建设和校园文化传承方面担当了重要角色。

认定组通过听、看、查、议，一致认为，成都纺织高等专科学校档案工作组织管理有序，设施设备配置到位，基础业务较为扎实，档案开发利用效果较为明显，达到了档案工作规范化管理省一级标准。

周书生肯定了成都纺织高等专科学校档案工作取得的成绩，希望成都纺织高等专科学校继续深入学习贯彻档案法律法规，不断增强全员档案意识，加大档案的收集力度，不断丰富档案资源，不断提升档案工作管理水平，为学校的建设与发展提供服务。

成都纺织高等专科学校各院（部门）负责人和学院兼职档案员参加了会议。

附录6.11　2014年四川大学通过档案工作规范化管理省一级标准认定（发布日期：2014-12-18）

　　2014年12月18日，省档案局、省教育厅组织专家组，对四川大学档案工作规范化管理达省一级标准进行认定。省档案局副局长周书生主持会议，四川大学党委常务副书记罗中枢、四川大学党委副书记兼纪委书记徐兰出席会议。

　　专家组通过听取汇报、实地考察、查阅资料、综合评议，一致认为，四川大学达到四川省档案工作规范化管理省一级标准。

　　近年来，四川大学高度重视档案工作。一是健全组织领导机制。确立了由校长领导、党委副书记主管，档案馆具体负责和各部门、各院系参与配合的三级管理机制，将档案工作纳入学校整体发展规划、纳入各部门和各院系工作职责范围、纳入学校工作目标考核。档案工作制度健全，管理网络完善，配备了档案安全保管保护设施设备，切实做到了统一领导、集中管理。二是切实加强服务体系建设。以"服务公约—服务准则—服务用语"为载体，采取了各种管理制度上墙、设立馆务公开栏、设置服务指南、实行电子打卡考勤、亮牌上岗、公布服务投诉电话和电子邮箱等措施，在"文化川大"网站设立了"服务指南""服务热线""服务咨询"和"服务测评"等栏目，不断优化服务方式，进一步提升了档案服务水平。三是大力开展档案文化建设。开设了全国最早、最有影响的校史课程"四川大学校史文化"，出版全国第一部校史课程教材《四川大学：历史·精神·使命》，校史展览馆共接待校内外参观活动9万余人次，实现了校史教育全覆盖。实施"四川大学优秀教师教案手稿采集示范工程"，完成了"川大记忆：四川大学校史文化资源网站""网上校史展览馆""发现川大：四川大学历史档案信息发布系统"等多个建设项目，正式编辑出版《川大名言》等多本图书，开展了大学文化游、校园文化定向越野等丰富多彩的活动，让档案宣传和校史教育走出展馆、走近学生、走向社会，成为学校校园文化建设的新亮点，取得了较好的社会效益。

　　周书生充分肯定了四川大学档案工作取得的突出成绩，希望四川大学继续深入学习贯彻中办、国办《关于加强和改进新形势下档案工作的意见》，锐意改革，高位求进，当好标杆，做好示范，不断开创档案工作新局面。

　　四川大学各部处负责人和部分学院兼职档案员、经科档案第十七协作组成员单位代表参加了会议。

附录6.12　新成果·新探索·新发展——2013年四川高校档案文化建设主题活动侧记（发布日期：2013-06-11）

　　2013年6月9日，在"国际档案日"当天，省档案局、省教育厅在四川大学成功举办四川省高等学校档案文化建设论坛。至此，由"高校档案文化建设征文比赛""高校档案文化建设成果展示"和"高校档案文化建设论坛"三项活动组成的"四川省高等学校档案文化建设主题活动"圆满落下帷幕。该活动紧扣"高校档案与文化建设"这一主题，盘点档案文化成果，明确档案文化定位，聚焦档案文化发展，关注档案文化传播，推动档案文化创新，对高校档案文化建设进行了再交流、再思考、再探索、再启航……

征文活动：实践探索与理性思考的交汇

　　今年3月，省档案局、省教育厅面向全省各高校发出通知：以"高校档案与文化建设"为主题，在高校档案工作者中征集论文。征文活动得到全省各高校档案工作者的积极响应，共收到论文69篇。经评审委员会评审，评出一等奖3篇、二等奖5篇、三等奖10篇，并遴选出51篇优秀论文编印成册。论文中既有对档案文化建设的理论探索，又有对档案文化建设的实践思考，既有高校创新的历史印记，又有高校浓郁的文化基因，让我们在字里行间收获着知识、在知识的点滴中萌发出能量、在能量的汇聚中孕育着思想……

电子科技大学提交的《高校档案工作主动服务大学文化建设的思考》，以高校档案工作主动融入大学文化建设为着眼点，论述了高校档案工作在大学文化传承中的功能定位和主动服务大学文化建设的渠道和途径。西南财经大学提交的《传承文化记忆》，从打造学校发展记忆库、建成学校信息服务中心、搭建校史育人平台三方面重点阐释了高校档案馆应该如何加强档案与校史文化建设，提高师生的文化意识与文化自觉。四川音乐学院提交的《新媒体时代档案文化营销策略探究》指出，随着信息技术发展，档案文化传播要以市场需求为导向，引入先进营销理念，通过新媒体，树立良好品牌形象，有效传播档案文化，提高档案文化的吸引力和影响力。成都工业学院提交的《红色档案在大学校园文化建设和人才培养中的研究与应用》，以学院杰出校友陈毅元帅档案收集利用为例，探讨了红色档案资源在大学文化建设、人才培养、理想信念和社会主义核心价值体系教育中的作用。成都理工大学提交的《浅析生态位理论在高校档案文化建设中的应用》，引入生态位原理，试用生态位法则，积极开展档案文化建设的相关研究，是高校档案工作者在提升高校档案工作价值，服务高校建设的一种有益探索。

成果展示：档案资源与文化育人的交融

"高校档案文化建设成果展示"，是主题活动的重要内容。近年来，全省高校档案部门本着保存记忆、守护历史、传承文明的使命，以开发为工作重点，以创新为发展关键，抓特色，探新路，不断开创档案文化建设新局面。在四川大学校史展厅，从全省高校遴选出的反映30所高校档案文化建设成就的33块展板，既展示了高校档案部门在档案文化建设方面的思路、措施、成效，又展示了开发档案资源取得的丰硕成果。

——通用汇编。组织机构沿革、大事记、全宗介绍、有关文件制度汇编、基础数据汇集、校友名录、档案利用实例汇编等十分丰富，如西南石油大学编辑了《西南石油学院简史》《西南石油大学大事记》《干部任职文件汇编》《职称文件汇总》《教育教学文件集》；四川建筑职业技术学院编辑了《四川建筑职业技术学院组织沿革》；四川文理学院编辑了《学生奖惩文件汇编》等。

——深层编研。科研成果汇编、会议概要、操作手册、档案信息简报、年鉴、校史，利用档案撰写的著作或论文，成果丰硕，如西南财经大学编著了学校年鉴、校史画册；四川师范大学编著了《师大旧事》《档案信息简报》；泸州医学院编著了《忠山文化》《六秩风华——泸医建校六十周年画册》；四川音乐学院

编著了《四川音乐学院专业学术成果汇编》《四川音乐学院科研学术创作表演情况汇编》等。

——档案宣传。以校史展览馆、校史文化课程、档案法律法规宣传、爱校宣传和校园文化宣传等为主阵地，积极开辟档案文化建设的新路径，如四川大学、四川师范大学、电子科技大学、西南石油大学等举办校史展览；四川大学开设"四川大学校史文化"课程；成都大学建立校史解说志愿者服务队，增强校史文化育人效果；四川农业大学2011年建立档案馆以来，修订《档案管理办法》等业务规范，用档案管理工作的科学性，为校园文化发展提供有力保障。

——档案网站。整合档案资源，建成与数字化校园相匹配的档案管理系统，打造学校发展记忆库、档案信息服务中心和校史文化平台，展示学校发展历程，励志育人，爱国荣校。例如，四川大学开通"川大记忆：四川大学校史文化资源网站"；西南财经大学加强档案馆网站建设和信息查询门户建设，集成数字档案馆各工作平台、应用平台、服务平台于一体的统一端口；西南科技大学档案馆建立的荣誉云体系可向全球或指定人群发布信息，能检测到荣誉获得者上载的荣誉，能编辑上载的荣誉到指定的文件夹中。

专题论坛：脚踏实地与仰望星空的交响

"四川省高等学校档案文化建设论坛"，将"四川省高等学校档案文化建设主题活动"推向了高潮。

50余所高校的100余名专家学者齐聚川大，交流交锋；

新华社四川分社、中国青年报、四川日报等媒体记者亲临论坛，现场关注；

在省档案局副局长周书生同志的主持下，四川大学党委副书记、纪委书记徐兰同志代表四川大学发表热情洋溢的致辞，省教育厅副厅长何浩同志代表省教育厅讲话，省档案局党组书记、局长丁成明同志发表总结讲话……

丁成明在讲话中指出，档案文化蕴含着悠久的历史，承载着灿烂的文明，弘扬着时代的精神，是档案事业持续发展的动力源泉，是人类历史文明延续的精神财富。档案文化已经成为高校厚重人文精神的有力支撑，成为高校服务地方发展的重要载体。党的十八大提出全面建成小康社会，实现中华民族伟大复兴，必须推动社会主义文化大发展大繁荣，兴起社会主义文化建设新高潮。这不仅为档案文化建设提供了新的发展机遇，也对加强档案文化建设提出了新的更高要求。面对新形势新要求，我们要从全局和战略的高度，切实增强责任感和使命感，与时俱进，开拓创新，不断推进高校档案文化建设科学发展。

丁成明希望，一要始终坚持档案文化建设的正确方向。档案文化建设必须坚持为人民服务、为社会主义服务的方向，坚持贴近实际、贴近群众、贴近人民的原则，把握服务社会主义核心价值体系的着力点，找准丰富人民群众精神文化生活的切入点，努力提升档案文化建设的整体实力。二要准确把握档案文化建设的基本内涵。丰富馆藏，深入挖掘档案资源，打造文化精品，积极融入各项文化建设，开展档案行业文化建设，主动记录可能消失的各种文化现象，为人类文明留存珍贵记忆。三要充分体现档案文化建设的时代要求。树立开放的理念，运用人民群众喜闻乐见的方式，运用先进技术传播档案文化，使档案文化真正成为人民群众文化生活的一道美味、服务经济社会发展的一种力量、社会主义文化建设的一朵奇葩。四要切实增强档案文化建设的工作机制。重视档案文化建设制度设计,加大档案文化建设投入力度,深化合作交流机制,弘扬甘于平凡、创造非凡的职业精神,打造一支档案文化建设骨干队伍。

来自全省高校的 6 名专家学者登台演讲。演讲内容涉及档案文化资源建设、传承传播、开发合作、探索创新、公共服务、能力培养、工作机制等诸多方面,通过多角度全方位把脉档案文化的渐变格局和发展走向,激发广大高校档案工作者创造优秀档案文化的热情,把高校档案阵地打造成档案文化最重要的策源地。

四川大学档案馆馆长党跃武发表"基于创新能力、国际视野和人文境界培养的校史教育探索与实践"的演讲,他提出:以服务于研究型综合大学创新人才培养为基点,以培养创新能力、国际视野和人文境界为核心,通过开展多形式、多载体、多功效的校史教育活动,全面打造文化素质教育和大学文化建设的新平台,真正使四川大学学生在文化融合和文化感悟中,多一些人文知识,多一份人文精神,多一些人文素质,多一份人文境界;学会关心自己,更要关心别人,学会关注自我,更要关注社会。他强调,构造校史教育新体系。以构建长效机制为方向,以开展系列活动为载体,以挖掘馆藏文献为基础,努力构造具有四川大学特色的、校史工作与素质教育紧密结合的研究型综合大学校史教育新体系。

西南交通大学档案馆馆长张雪永在"高校档案文化建设的思考与实践"的演讲中指出:一要优化馆藏,发挥档案馆历史文化遗产保存功能。特别要大力征集反映学校早期历史的档案和资料,填补学校早期历史研究的空白。二要拓宽渠道,发挥档案馆社会文化信息传播功能。要拓展档案服务领域、创新档案服务方式、强化档案编研工作。三要创新平台,发挥档案馆社会文化教育功能。建设数字校史馆和校史文化交流平台,开设专题系列讲座和"交大校史文化"课程,全方位开展档案文化教育。电子科技大学档案馆副馆长覃庆国做了题为"电子科技大学高校口述档案建设的思考"的演讲,他指出,高校口述档案建设刻不容缓,要坚持存史为本,资政育人原则,贯彻"保护为主、抢救第一、合理利用、传承发展"的方针,转变观念,将口述档案建设上升为学校行为,加强队伍建设,建立高素质的专业队伍,强化制度创新,促进口述档案建设的可持续发展。

西南财经大学档案馆副馆长金元平发表"高校档案文化的理论解读和建设路径探索"的演讲。她认为,高校档案文化包括高校档案管理文化和高校档案校史文化两个方面,二者相互交融,相互渗透。高校档案管理文化的发展和完善,是实现档案校史文化发展连续性的重要条件之一,可以促进档案校史文化建设的发展;而档案校史文化的建设有了高校档案管理文化的融入,更能彰显出它的文化教育传承功能和文化风采。要加强档案资源体系建设,最大限度地保存学校发展的历史记忆;要加强档案信息利用体系建设,最大限度地方便师生员工利用档案;要做好校史研究和专题展览工作,最大限度地弘扬与发展大学文化。

四川师范大学档案馆馆长范春林以"抓基础、促发展、努力推进档案文化公共服务"为题发表演讲。他强调,要坚持办馆理念,推动创先争优;要丰富馆藏资源,打造特色档案库;要围绕中心工作,加强档案编研;要完善服务平台,增强服务水平;要加强档案宣传,推广档案文化;要加强队伍建设,建立激励机制;要加强交流合作,共同服务社会公众。

西华师范大学历史文化学院院长蔡东洲介绍了九年来西华师范大学和南充市档案馆围绕《清代南部县衙档案》(以下简称《南部档案》)的整理与研究开展密切合作取得的成果。一是2011年10月,双方联合申报的《清代南部县衙档案整理与研究》获准成为国家社科基金重大项目。二是获得立项课题15个(其中国家社科基金项目4个,省部级项目11个);出版《清代南部县衙档案研究》等专著4部,在《历史研究》《光明日报》等期刊发表论文40余篇;研究成果获得四川省人民政府二等奖2项,三等奖2项,第二届"中国法律文化研究成果"三等奖1项。三是《清代南部县衙档案研究》《清代县域民事纠纷与法律秩序考察》分别于2011、2012年入选《国家哲学社会科学成果文库》,成为国家哲学社会科学领先水平优秀成果。四是2012年召开全国"地方档案与文献研究",邀请北京大学等16所高校的近50名代表与会共同研讨相关问题。蔡东洲在谈到合作感悟时指出,校馆合作有利于优势互补,实现共赢。

参加论坛的代表们纷纷欣慰地说,这虽然是我省举办的首次高校档案文化建设论坛,但不愧为一次思想的盛宴与文化的大餐!

"四川省高等学校档案文化建设主题活动"历时三个月,全省高校踊跃参与,各种成果纷呈、各种力量汇聚、各种思想凝集……我们有理由相信,全省高校档案工作者必将借此东风,乘势而为,深入贯彻落实党的十八大和"省委十届三中全会精神",在实施"三大战略"、推进"两个跨越"、与全国同步全面建成小康社会的进程中做出新的贡献。

附录 6.13 省档案局局长丁成明调研四川大学、四川师范大学 档案工作（发布日期：2013-01-19）

2013 年 1 月 16 日、17 日，四川省档案局局长丁成明到四川大学、四川师范大学调研档案工作，看望档案部门干部职工，希望高校档案部门深入学习贯彻党的十八大精神，认真落实全国档案局（馆）长会议精神，充分发挥高校档案工作的独特优势，大力开发档案资源，加强档案文化建设，促进全省档案事业创新发展，为全面建成小康社会做出积极贡献。

在四川大学党委副书记、纪委书记徐兰和校党委副书记李向成的陪同下，丁成明同志参观了四川大学校史展览馆，视察了档案馆，听取了档案工作情况介绍。他对川大档案工作在学校领导的高度重视下，围绕学校中心工作，注重档案收集、开发档案资源、加强校史研究，在传承川大历史、弘扬校园文化、服务学校发展等方面所取得的成绩和积累的经验给予了高度评价。

在四川师范大学副校长祁晓玲的陪同下，丁成明同志参观了四川师范大学校史陈列展，详细查看了档案库房、阅览室和部分实物档案，并座谈档案工作情况。他指出，川师大领导重视、制度健全、保障有力、措施到位，有力促进了档案工作与学校各项工作同步协调发展。学校档案工作在档案资源建设、信息化建设、档案文化建设、规范化管理等方面有很多好的经验、好的做法，值得认真总结和推广。

在两所高校调研中，丁成明同志指出，高校档案是学校发展、壮大的真实记录，是学校的发展史、记忆库和信息源，也是国家和社会的宝贵财富。高校档案工作者要深入学习贯彻落实党的十八大精神，按照全国档案局（馆）长会议提出的与全面建成小康社会相适应的档案工作目标而努力奋斗。要把握高校档案工作规律，总结高校档案工作经验，推树高校档案工作典型，促进高校档案工作全面发挥"存凭、留史、资政、育人"作用，切实履行档案工作"记录历史、传承文明、服务社会、造福人民"的职能。要积极探索各级档案部门与高校联手合作的方式和途径，从社会价值、文化价值、学术价值等不同视角，深度挖掘与开发档案资源，合力开展课题研究，共同打造档案文化精品，更好地发挥档案工作在服务我省各项事业科学发展、加快发展和全面建成小康社会中的重要作用。

附录6.14　2012年攀枝花学院积极抓好档案工作规范化管理（发布日期：2012-06-26）

近年来，攀枝花学院认真落实教育部27号令和《四川省高等学校档案管理办法实施细则》，以档案规范化管理为重要载体，以评促建，以评促改，以评促进，推动学校档案工作上新台阶。近日，该校档案工作规范化管理获省一级标准认定。

抓创建，在环境建设上争支持。按照《四川省档案工作规范化管理办法》的要求，把档案工作规范化管理列入学校工作的重要日程，制定了2012档案工作规范化管理达省一级标准的目标。围绕这一工作目标，学校成立了由校长任组长，副书记和副校长任副组长，各职能部门负责人为成员的档案规范化管理达标认定工作领导小组，全面负责学校档案规范化管理的建设和迎评工作，研究和解决工作中的困难和问题；将档案工作所需经费列入学校预算，保证档案工作需求；召集相关人员学习档案工作法律法规和业务规范，对照《实施细则》从档案工作组织管理、制度建设、业务建设、信息化建设、设施设备等方面查找不足，增添措施、积极整改。

抓规范，在业务建设上打基础。一是建章立制，保证档案工作依法依规有序开展；二是贯彻执行部门立卷制度，按照高校档案工作有关标准和要求，实行档案材料形成单位、课题组立卷的归档制度；三是积极开展业务指导，学校档案馆派员到各个部门（包括附属医院）进行业务监督、检查与指导；四是提高业务水平和工作能力，组织档案人员参加档案行政管理部门举办的专业培训，参观学习兄弟院校档案规范化管理工作先进经验。

抓特色，在科研领域上求创新。建立档案管理学整理实验室，培养档案应用型人才，为档案工作服务教学一线提供平台。成立档案应用技术研究所，从2006年成立至今完成科研项目5项，其中国家档案局项目1项（横向合作），省级项目1项；出版专著2本；公开发表论文80多篇，其中在核心刊物发表42篇。

抓信息化，在宣传服务上找对策。1997年，学校开始使用档案管理软件进行档案目录数据转化工作。2002年，建立档案管理信息专网，进行重要文件的全文数据挂接，同时在全校试行档案目录信息的网络归档工作。2004年，建立档案馆网页，通过网页宣传档案工作。2006年，在学校全面推行目录信息网络归档和全文数据转化与挂接工作。2009年，学校购置了专门用于档案数据存储的服务器，存储了学校建校以来各类档案的案卷目录、卷内文件目录以及2000年以后各类重要档案全文信息。目前，通过档案信息网实现了学校档案目录信息的网络归档，档案信息的查阅利用，档案精品的展览。

附录 6.15　在蓉部分高校档案工作规范化管理现场会在西南石油大学召开（发布日期：2012-06-21）

　　为进一步贯彻落实教育部 27 号令和《四川省档案工作规范化管理办法》，以规范化管理工作为抓手，促进我省高校档案工作又好又快发展，2012 年 6 月 19 日，省档案局、省教育厅在西南石油大学召开在蓉部分高校档案工作规范化管理现场会。

　　省档案局副局长周书生、省教育厅副巡视员杨成林出席会议并讲话。西南石油大学相关领导及专兼职档案人员、在蓉部分高校档案机构负责人 100 余人参加了会议。

　　西南石油大学党委副书记孙一平致辞并介绍了学校情况，副校长王玲介绍了学校档案规范化管理工作情况、主要做法和经验。电子科技大学、四川国际标榜职业学院在会上做了专题发言，分别介绍了学校档案工作开展情况，交流了他们在规范化管理方面的有益做法。

　　杨成林同志代表省教育厅对近年来全省高校档案工作取得的成绩给予了充分肯定，对进一步做好高校档案工作提出了明确要求：要坚持依法治档，努力加强法制建设；要坚持有为有位，不断提升高校档案管理水平；要坚持以人为本，努力加强高校档案队伍建设。

　　受省档案局局长胡金玉委托，周书生同志传达了金玉同志的讲话。胡金玉同志指出，近年来全省高校档案部门紧紧围绕高等教育和高等学校工作大局，创新档案工作机制，拓宽档案服务领域，求真务实，开拓进取，涌现出了西南石油大学、电子科大、标榜学院等一批先进典型，高校档案工作的社会影响日益广泛，为全省高等教育和经济社会发展做出了积极贡献。同时，也要清醒地看到，目前我省高校档案工作的发展速度、水平与高校其他工作发展不同步的情况依然明显。胡金玉同志对当前和今后一个时期全省高校档案工作做了安排部署：一是充分认识做好高校档案工作的重要性，切实增强责任感和紧迫感；二是以规范化管理为抓手，着力提升高校档案工作的服务能力和整体水平，把服务学校发展大局作为高校档案工作的根本取向，把档案资源建设作为高校档案工作的重要基础，把发掘档案文化资源作为高校档案工作的有效抓手，把档案安全管理作为高校档案工作的第一要务，把档案信息化建设作为高校档案工作的发展方向；三是切实加强组织领导，为高校档案工作提供必备条件和必要保障。

　　参会代表参观了西南石油大学档案馆和校史展览，现场观摩学习了西南石油大学档案工作规范化管理验收认定。

附录 6.16 全国高校档案科学发展论坛暨川渝高校档案协会 第三届学术年会在成都召开（发布日期：2011-06-2）

2011 年 5 月 25 日，由中国高等教育学会档案工作分会、四川省高等学校档案工作协会和重庆市高等教育学会高校档案研究专业委员会主办的全国高校档案科学发展论坛暨川渝高校档案协会第三届学术年会在四川大学开幕。会议主题是总结贯彻实施教育部 27 号令《高等学校档案管理办法》的做法与经验，展望和研讨"十二五"期间高校档案工作发展前景。中国高等教育学会档案工作分会、省档案局、省教育厅和四川大学相关领导出席会议。四川省档案局副局长周书生代表四川省档案局局长、省档案学会名誉理事长胡金玉以《巨大灾难中的担当与收获》为题做了专题报告。报告从关于灾难——档案部门的担当与作为、关于发展——档案事业的现实与未来、关于收获——三年实践的反思与启示三个方面，全面回顾了"5·12"汶川特大地震发生三年来，四川档案部门在省委、省政府的坚强领导下，勇于担当、主动作为，在抢救保护国家档案资源、服务抗震救灾和恢复重建，抓好档案馆恢复重建等方面所取得的显著成绩，以及三年抗震救灾和恢复重建给四川档案事业带来的前所未有的发展，总结了在档案安全管理、档案服务工作和档案队伍建设方面的收获与启示。报告得到了与会专家学者的充分认可。

附录 6.17　坚持依法治档，加强法制宣传，推进高校档案工作持续发展、科学发展（发布日期：2011-12-3）

　　2011 年 12 月 2 日，为进一步贯彻党的十七届六中全会精神，落实《全国档案系统"六五"法制宣传教育规划》，四川大学在校史展览馆召开兼职档案管理员业务培训会，在四川大学党委副书记兼纪委书记徐兰讲话后，四川省档案局副局长周书生作了"坚持依法治档，加强法制宣传，推进高校档案工作持续发展、科学发展"的专题报告。周书生副局长介绍了目前全省档案法制工作、法规体系建设和法制宣传的基本情况，"六五"期间法制宣传的重点任务、工作安排及基本要求。四川大学有关校领导、各单位档案工作分管领导和兼职档案管理人员参加会议。

后 记

　　为展示我省高校档案事业的发展成绩，四川省档案局组织编写了《四川省高等学校档案事业发展报告》一书。全书分高校档案管理体制机制建设、高校档案基础业务工作、高校档案信息化建设、高校档案机构学术活动、高校档案机构交流合作、高校档案事业发展评价、高校档案事业发展趋势展望与探索七个篇章，同时收录了近年四川省新出台的有关高校档案工作的规范性文件及高校档案工作信息和图片。通过分析"十二五"以来四川高校档案事业发展的有关统计数据，力图真实反映全省高校档案事业发展全貌，客观评价高校档案事业发展成就，科学研判高校档案工作发展趋势，在新时代、新起点，为四川高校档案事业发展的科学决策提供可资参考的依据，向改革开放四十年献礼。

　　本书的撰写得到有关各方大力支持，四川省档案局和四川省教育厅面向全省高校档案机构组织专题调研，各高校积极参与配合，提供了较为翔实的数据和材料，四川大学史江教授带领团队拟写初稿，为本书形成奠定基础，西南交通大学出版社为本书最后的编辑出版做出很大努力，在此一并衷心感谢。

　　由于我们水平有限，加之时间仓促，难免存在疏漏之处，恳请大家批评指正。